曹维敏 —— 著

俐进学习
效学习的8个秘诀

中国水利水电出版社
www.waterpub.com.cn
·北京·

内 容 提 要

"学霸"之所以擅长学习，一定是因为做对了一些事情，这些事情包括坚韧的学习心态、行之有效的学习方法和逻辑清晰的思维模式等。作者相信，每一个普通人都有成为"学霸"的可能，而如何进行高效学习正是本书所要探讨的核心内容。

本书共8章，第1~2章探讨了如何成为学习力很强的人；第3章详细介绍了诸如费曼学习法、时间块学习法、间隔重复学习法等各种高效学习方法；第4~5章讨论了专注和心流的相关理论，长时间高效学习不仅要管理分心物，更要有休息和睡眠的支撑；第6章介绍了训练记忆力的方法，记忆力可以通过科学训练逐步加强；第7章介绍了自学的相关工具和高效笔记法，为读者提供了知识管理的方法；第8章则讨论了跨学科的多元思维模型对个人成长的重要性。

本书旨在探讨适合大多数人的学习理论，有学习需求的广大读者皆可阅读，尤其适合想提高学习成绩、学习效率，以及对学习方法感兴趣的读者阅读。

图书在版编目（CIP）数据

渐进学习：高效学习的8个秘诀 / 曹维敏著. — 北京：中国水利水电出版社，2024.4
ISBN 978-7-5226-2248-4

Ⅰ.①渐⋯ Ⅱ.①曹⋯ Ⅲ.①学习方法 Ⅳ.①G442

中国国家版本馆CIP数据核字(2024)第021314号

书　　名	渐进学习：高效学习的8个秘诀 JIANJIN XUEXI：GAOXIAO XUEXI DE 8 GE MIJUE
作　　者	曹维敏　著
出版发行	中国水利水电出版社 （北京市海淀区玉渊潭南路1号D座 100038） 网址：www.waterpub.com.cn E-mail：zhiboshangshu@163.com 电话：（010）62572966-2205/2266/2201（营销中心）
经　　售	北京科水图书销售有限公司 电话：（010）68545874、63202643 全国各地新华书店和相关出版物销售网点
排　　版	北京智博尚书文化传媒有限公司
印　　刷	北京富博印刷有限公司
规　　格	148mm×210mm　32开本　8.125印张　233千字
版　　次	2024年4月第1版　2024年4月第1次印刷
印　　数	0001—3000册
定　　价	59.80元

凡购买我社图书，如有缺页、倒页、脱页的，本社营销中心负责调换
版权所有·侵权必究

前　言

正确解锁"高效学习"的方式

高效学习，是一种态度，更是一种需要学习、掌握的策略。

我一直相信，高效学习不是"学霸"的专属，而是每一个普通人都可以掌握的技能。

既然是技能，那么不管起点如何、基础如何，这种能力是可以通过"刻意学习"掌握。有的人聪慧，学习起来事半功倍——这部分"天才"并不在我们的讨论之列。本书要讨论的是，普通人如何通过自己的努力，提高学习质量，甚至实现所谓的"逆袭"。这听起来很棒！不是吗？

别急，还有更棒的。

高效学习并非"学霸"的"专权"。事实上，高效学习不仅可以实现，还有很多方法可以实现。这一点在很多普通人的身上都得到了印证。电影《垫底辣妹》取材于真实故事，激励万千观众的同时也向世人证明了基础薄弱的学生也可以通过正确的引导而得以"逆袭"成功。而写下这本书的作者本人，也曾是一个考过很多次倒数但最终"逆袭"成功的非典型"学霸"。

当然，我不会骗你相信"学习不费吹灰之力"抑或"学习很简单"之类的话。在我看来，学习之初，要应对的困难并不少。

具体的"逆袭"步骤有以下几个方面。

首先是心态。一个优秀的学习者首先要有坚定的内心，要能容忍、接纳自己可能会犯错，要能在无数次失败中总结经验教训。

其次是方法。前人对高效学习的研究并不少，比如，诺贝尔物理学奖的获得者理查德·费曼提出的"费曼学习法"，麻省理工高材生斯科特·扬提出的"整体性学习法"，以及康奈尔大学给学生们指点迷津的"间隔重复学习法"等。这些方法各有优势，但如何找到最适合自己的高效学习法则是每个学习者必须完成的功课。

最后是行动与持续进步。行动是所有方法的落脚点，而持续进步则是高手制胜的终极法宝。

这本书将从前人的科学研究、经典的学习理论和作者的自身经验出发，传授切实可行的高效学习方法。通过先学习高手的方法，再把自己变成学习高手，这才是正确解锁本书的方式。

如果在翻开本书前，你已然学业优异，那么本书将会带你探索更加深入、有效的学习方式。学无止境，你可以带着批判和思考的眼光检验书中的理论，再从中吸取对自己有用的内容；如果你正行走在成为"学霸"的路上，那么这本书则可以成为陪你进步的伙伴，待你成为学习高手的那一天，回首学习旅途，必定收获颇丰。

曹维敏

目 录

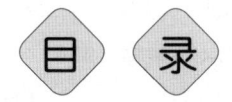

前言

第 1 章 唤醒心智，引爆学习力 \ 001

1.1 重新定义"学习力" \ 001
- 1.1.1 学霸拥有的品质 \ 002
- 1.1.2 考了这么多次第一，但我也曾倒数 \ 005
- 1.1.3 需要被重新定义的"学习力" \ 008
- 1.1.4 学习好并不需要"很聪明"，但需要足够"有耐心" \ 009

1.2 唤醒学习心智，升级学习操作系统 \ 012
- 1.2.1 唤醒学习心智，由你自己决定如何学习 \ 012
- 1.2.2 你了解你的学习操作系统吗 \ 016
- 1.2.3 科学学习：如何升级学习操作系统 \ 018

1.3 考试不难，先吃一颗定心丸 \ 021
- 1.3.1 应对任何考试，都要知己知彼 \ 022
- 1.3.2 信念制胜——就要一次性通过 \ 024
- 1.3.3 像"学霸"一样努力思考 \ 026

第 2 章 模仿高手，是成为高手最快的方式 \ 030

2.1 像高手一样学习 \ 031

2.1.1 观察你身边的学习高手 \ 031
2.1.2 学习高手身上的 5 个优秀特质 \ 033
2.1.3 "1% 法则"：从优秀到卓越 \ 036

2.2 快速掌握新知识的策略 \ 038

2.2.1 以 7 天为单位制订学习计划 \ 039
2.2.2 开始阶段，无限细化目标 \ 041
2.2.3 刻意练习：重复！重复！再重复！ \ 042
2.2.4 接受笨拙：告别完美主义学习者 \ 045

2.3 学习仅仅是自己的事吗 \ 048

2.3.1 人很容易受环境影响而不自知 \ 049
2.3.2 主动出击，寻找可靠的"学友"\ 051
2.3.3 向他人请教，别自己死磕 \ 052

2.4 高效学习的 5 个终极原则 \ 053

第 3 章 升级策略，多种高效的学习方法 \ 063

3.1 费曼学习法 \ 063

3.1.1 几乎在所有有效的学习方法中，都能看到费曼学习法的影子 \ 064
3.1.2 用"输出"倒逼"输入"\ 066

3.2 时间块学习法 \ 068

3.2.1 一个 TED 演讲的启示：如何实现你的远大目标 \ 069
3.2.2 再大的学习目标，也不过是多个"5 分钟任务块"的堆叠 \ 070
3.2.3 成功的关键：循环修正决策正确率 \ 072

3.3 间隔重复学习法 \ 075

3.3.1 间隔输入：一次性学完与分多次学完的对比 \ 075
3.3.2 间隔效应的科学原理 \ 076
3.3.3 如何用好间隔重复学习法 \ 079

3.4　5why 学习法 \ 082

3.4.1　拒绝似懂非懂，用 5why 学习法探寻本质 \ 082
3.4.2　学习时应该问哪些问题 \ 084

3.5　PDCA 学习法 \ 087

3.5.1　PDCA：计划、执行、检查、改善 \ 087
3.5.2　如何利用 PDCA 进行学习 \ 089

3.6　DDL 学习法 \ 091

3.6.1　DDL 是第一生产力 \ 092
3.6.2　永远把 DDL 提前一天 \ 093
3.6.3　DDL 学习法的适用场景与实践 \ 094

3.7　OKR 学习法 \ 097

3.7.1　OKR：目标与关键成果 \ 097
3.7.2　如何利用 OKR 设定学习目标 \ 099
3.7.3　检验学习的关键成果 \ 100

3.8　散步学习法 \ 103

3.8.1　大脑在散步时更灵活 \ 103
3.8.2　实践散步学习法的 3 个关键阶段 \ 105

第 4 章　效率第一，长时间专注的秘诀 \ 109

4.1　专注力是锻炼出来的 \ 109

4.1.1　比尔·盖茨和巴菲特谈及成功，说了这样一个词 \ 110
4.1.2　专注力可以训练 \ 111

4.2　定心：识别并管理分心物 \ 113

4.2.1　分心物的 4 种类型 \ 113
4.2.2　如何管理分心物 \ 116
4.2.3　"戒手机" 的 9 种方法 \ 118

4.3 行动：如何改掉拖延的毛病 \ 120

4.3.1 6种拖延症，你是哪一种 \ 120
4.3.2 打败拖延的秘诀：罗列细节并一一执行 \ 123

4.4 聚精会神：如何保持4小时以上的专注 \ 125

4.4.1 分神在左，正念在右 \ 126
4.4.2 4小时以上的专注可以做到吗 \ 127
4.4.3 注意力质量：早起学习的必要性 \ 129
4.4.4 三步断舍离，打造极简书桌 \ 131
4.4.5 被误解的"番茄时钟法" \ 132
4.4.6 切换不同任务，给大脑新鲜感 \ 133

4.5 科学休息：会休息才能更高效 \ 136

4.5.1 谷爱凌一天要睡10小时 \ 136
4.5.2 "一万小时定律"的背后是"三万小时的睡眠" \ 139
4.5.3 利用"昼夜节律"恢复精力 \ 142

第5章 心流状态，开启沉浸式学习 \ 147

5.1 什么是心流状态 \ 147

5.1.1 心流是沉浸式的极致体验 \ 148
5.1.2 心流的惊人力量 \ 150

5.2 进入心流状态的方法 \ 153

5.2.1 心流的7个触发条件 \ 153
5.2.2 心流可遇不可求，但"微心流"一定可求 \ 157
5.2.3 快速进入"微心流"状态的4个步骤 \ 160

5.3 探索心流，如何更好地学习 \ 162

5.3.1 8种状态，你处于哪种 \ 163
5.3.2 心流理论对学习的启示 \ 164

第 6 章　过目不忘，记忆力养成计划 \ 168

6.1 "学霸"的记忆力真的都很好 \ 168

6.1.1　复旦"学霸"教会我的事 \ 169

6.1.2　不仅学英语需要记忆，学数学也需要 \ 170

6.2 记忆力养成计划 \ 172

6.2.1　记忆的关键在于赋予意义 \ 173

6.2.2　记忆宫殿法：超好用的高效记忆养成法 \ 177

6.2.3　记忆力养成计划 \ 180

第 7 章　学会自学，我们终将成为自己的老师 \ 188

7.1 自学需要我们长期坚持 \ 188

7.1.1　自学是"学霸"的必备技能 \ 188

7.1.2　学会自学必备的元技能 \ 193

7.1.3　自学时的好习惯 \ 200

7.2 高效笔记法 \ 205

7.2.1　方格本之三分笔记法 \ 207

7.2.2　康奈尔笔记法 \ 209

7.2.3　思维导图笔记法 \ 212

7.2.4　九宫格笔记法 \ 217

7.3 自学时的知识管理软件 \ 222

7.3.1　Notion 以及"Notion 们" \ 222

7.3.2　思维导图 \ 228

7.3.3　时间管理 \ 230

第 8 章　多元思维模型，做更高阶的终身学习者 \ 238

8.1 查理·芒格与多元思维模型 \ 238

8.1.1　查理·芒格给年轻人的建议 \ 239

8.1.2　多元化跨学科思维 \ 241

8.1.3　整体性学习法 \ 244

8.2　做更高阶的学习者 \ 247

8.2.1　花更少的时间，学更多的知识 \ 247

8.2.2　从被动到主动，守护自信与对学习的热情 \ 248

第 1 章

唤醒心智，引爆学习力

众所周知，学业优异是一件很"酷"的事情。

它并非"酷"在可以获得老师的欣赏、同学的敬佩，也并非"酷"在可以考上名牌大学、达成父母多年的心愿，而是**"酷"在能够使人获得终身成长的力量**——这种力量会使我们在遇到困难、未知、外界否定的时候都有解决问题的清晰认知和理性的判断力。

学习少不了辛勤的付出，但如果把学习定义成一件很"酷"的事情，或许在这过程中会多那么一些信念感。如果你学习优异并乐在其中，那么恭喜你，你已经是个很"酷"的学习者了；而如果你暂时觉得学习有困难，那么本书的内容说不定会给你继续前行的信心。记住，"逆袭"并非不可能！

1.1 重新定义"学习力"

如何做一个学习力很强的人？

在回答这个问题之前，我们最好重新定义一下"学习力"。学习力就意味着很聪明、学新东西很快吗？不尽然。这些固然是学习能力强的表现，但这无法解释为什么会有"逆袭"的存在。

带着这个问题，我们将会开启一段探索高效学习的奇妙旅程，共同寻找这个问题的答案。

1.1.1 学霸拥有的品质

试着想普通人和"学霸"的差别究竟在哪里呢？

我曾经仔细思索过这个问题，有人的回答是"学霸"拥有"坚毅"这种品质。而我的回答是，"学霸"通常拥有 3 项必备的能力：能坚持、热爱学习、能持续进步。

"学霸"的第一个品质，是能坚持。

我的高中同班同学芽芽（后来考上复旦大学）是一位名副其实的学习优异者，她的坚持能力常常令我和周围的好友都感到十分震惊。

高中时，我和芽芽的座位就离得很近，后来上大学、上研究生，我们一直保持着联系。因此，十多年来，我也对芽芽的学习方式方法有了较深刻的了解。

比如，她从中学开始，就坚持每天写日记，一日不落。

比如，她从上大学后，就坚持记录每一笔开销，收支账簿清清楚楚。

再比如，她说要运动，就坚持每天打卡 Keep 做瑜伽、定期游泳，整个人活力满满。

当我问她怎么能坚持运动时，她丝毫不谦虚地说："因为我向来很厉害啊！"

芽芽向来都非常真诚，不论是高中时期，还是坚持运动的当下，她所言皆所想，也都是内心真实的想法。

高中时期，大家都在完成同样的学习任务。每天都写作业、交作业，日复一日，因此，我还真没有特别发现她做事能比他人坚持得久。

但是，认识芽芽越久，就越能发现她真的是个"意志力坚定的人"！她因为坚持运动已经瘦了二十几斤，而且不出意外，芽芽还会继续把运动这件事坚持很久很久……

此外，同为"坚持高手"的清华"学霸"Scalers（笔名），做到了持续 1000 天写作。他亲身示范着如何靠坚持取得成功、改变命运。把简单的事情重复做，就会变得不简单。因为做到了坚持 1000 天写作，他成功影响了数以万计的读者，在实现财富自由的同时把坚持学习、持续行动的理念传递给了无数心怀梦想的读者。

是的，"学霸"坚持做一件事的时间之久，常常令人感到震惊。

"学霸"的第二个品质，是热爱学习。

"学霸"是真的"爱"学习！我从来没有见过哪个"学霸"抱怨过学习任务重。"学霸"不仅会按时完成老师布置的作业，还会给自己"加量"。如果有什么知识不理解，或者哪一章节很重要，"学霸"通常还会主动"啃辅导书"。

高中时期，坐在班级最后一排的一位同学是一名"学霸"，在同学眼里他是很聪明的人。但是，我却惊讶地发现，他不仅没有对老师不查的作业偷懒，反而一题一题、仔仔细细刷着厚重的《五年高考三年模拟》(以下简称《五三》)。当年，高中老师把《五三》设定为靠自觉完成的作业。

要知道，所谓的靠自觉完成的作业是有一定灵活性的，比如，可以挑题目写，或者步骤不用写得很详细。

事实上，我们班上的其他人比他更需要把《五三》认真练习。但是他的《五三》写得满满当当，既不挑题目写又符合答题规范，总之，他始终认真、专注，乐在其中。

"学霸"的第三个品质，是能持续进步。

一开始，也许只是微小的进步，比如能比昨天多背 5 个单词，能比上次考试多做对 1 道数学题，能在课堂上多专注 10 分钟等。但是，随着时间的累积，"学霸"日积月累的进步将使自己脱颖而出。

举个例子，聪明或许可以让你做算术题做得很快，但如果不学微积分，你是无论如何也求不出极限值的。前者是聪明的头脑，后者则是知识积累的力量。

"持续进步"的厉害之处在电影《垫底辣妹》中也向我们有所展示。《垫底辣妹》的女主人公工藤沙耶加的逆袭故事就取材于现实世界的真人真事。

工藤沙耶加是老师和同学眼中的"考不上大学的人",甚至连她的父亲都不看好她。然而,在她得到校外补习老师坪田信贵的点拨与鼓励后,通过不懈努力考上了日本庆应大学(相当于国内的双一流高校)。

而在此之前,别说庆应大学了,所有人都断言她考不上大学。后来,工藤沙耶加还成功申请到了哥伦比亚大学的研究生,彻底让那些曾经不看好她的人刮目相看。

聪明的头脑不具有指导意义,普通人的逆袭才值得好好研究学习。

那些生来就拥有优势的人或许说不出成功的奥秘,但从失败走向成功的人一定有很多值得学习的经验。

工藤沙耶加的例子说明,哪怕基础弱、成绩差,只要肯努力、能持续进步,任何人都有成功的机会。

起点真的一点都不重要,只有持续进步才是提升学习成绩的关键因素。

至此,我想我可以回答本小节的问题:普通人和"学霸"的差别究竟在哪里呢?答案是"坚毅"。

"坚毅"是我对上述3项"学霸"品质的总结,也是我内心给出的答案。

如果在TED官网搜索关键词——最受欢迎,就会出现"年度最受欢迎的演讲"合集。在这些合集中,有一个合集叫做"一直以来最受欢迎的演讲",它的时间维度比年度更长。就在这个合集中,有一个播放量超过2000万的演讲,它的主题为"坚毅:热情与坚持的力量",在该演讲中演讲者安吉拉告诉了世人她的一个发现，那就是：**"坚毅"这种品质是区分尖子生与普通学生的最重要品质，甚至超越了脑力等因素。**

关于"坚毅"，演讲者说了这样一段话，翻译过来的意思是："坚毅是对长期目标的热情与坚持。坚毅是拥有持久力。坚毅是坚定地奔赴未来，夜以继日，不是一两周、一两个月，而是以年为单位努力让梦想成为现实。坚毅是把生活过成马拉松长跑，而不是冲刺短跑。"

这段话，与读者诸君共勉。

1.1.2　考了这么多次第一，但我也曾倒数

这些年，我唯一对自己有信心的能力，就是学习能力。

之所以有这种信心，是因为我在读书时考过很多次班级第一，但是你知道吗？这种学习上的"信心"，恰恰来源于我也经常考倒数的经历。

听起来是不是有点儿矛盾？别着急，听我慢慢讲。

如果一直考倒数，自信心会很受打击。但是如果能从倒数的名次一点点进步，甚至逆袭拿第一，这种经历反而会衍生出强大的自我肯定，从而更平和地面对失利。

我在小升初、初升高都有过成绩垫底的经历，虽然上的都是市重点初中和高中，但一开始进入新班级时我的基础知识很薄弱。

比如，周围同学的英语音标考试成绩基本都在90分以上，而我只能考40分。

比如，数学测验大家都做完了在检查，而我却连最后一道大题的意思都没弄明白。

比如，物理课堂上老师随便点名同学回答问题，同学们都可以说出答案，但我连刚刚讲的名词概念都还没记住。

……

这并不是妄自菲薄，而是当时的我确实太"弱"了——不知道如何学习，看似很努力但效率不高、没有下定决心专心学习、偷懒不想复

习……这些都是我曾经在学习上犯的错误。

但如今看来,升学初期的屡次垫底经历,却是我逆袭道路的开始。

第一次逆袭的开始,是我下定决心要把数学学好。我语文成绩相对不错,英语努力一些成绩也提高了,但是数学成绩一直卡着不动。

令我印象非常深刻的是,初一下半学期,班主任(语文老师)让我帮忙统计期末分数时,语重心长地对我说:"你说你语文这么好,为什么数学成绩总是提不上来呢?"

但那时我也很苦闷,为什么我的语文成绩尚可,数学成绩却这么差呢?我暗自下定决心要好好学习数学。

既然下定了决心,总要付出点儿实际行动,只说不做可不是我的风格。可惜那时的我也不懂什么学习方法,我能想到的最好的方法就是问老师。所以,初一时我最常做的事,就是"厚着脸皮"问数学老师问题。

幸运的是,我遇到了一位好老师。哪怕我的数学成绩确实不理想,但数学老师(陈老师)对我很有耐心,为此,我一直很感激这位老师。后来,数学老师看我学习态度良好,还向班主任推荐我当班长——这或许是我成绩好转的重要因素之一。

当了班长后,我感觉自己更应该把数学学好了:如果班长都学习成绩垫底,那如何做全班同学的表率呢?

凭借着一股不服输的心气儿,我开始真正付出努力:从"不复习"到"每周复习",从"不做课外题"到"自己给自己布置额外的课外题",从"对不懂的问题得过且过"到"刨根问底一定要搞清楚",如此周而复始。

经过一学期的努力,我的数学成绩有所提高,但仍然不稳定。

初二时,班里恰巧又换了一位很棒的数学老师(周老师),她最常挂在嘴边的话就是"学会学习再学习",比如,布置主动回忆章节知识点的作业,监督我们画思维导图,告诉我们要站在出题老师的角度想问题等。

这也是我第一次接触"学会学习"的概念。

原来,学习有方法!

原来，在"盲目学习"前还需要研究"科学学习的方法"！
原来，学习时间多并不等于学习效果好，用对学习方法更重要！

就这样慢慢地，从补差到提分，我又花了小半年的时间努力学数学。在这期间，数学成绩以肉眼可见的速度一点一点地提升。

也就是在初二期中考试，全年级共 900 多人，我考进了年级前 10 名。

中考时，我以班级第一名的成绩考上了市里最好的高中。

进入高中后，我又以平行班第一名的成绩被分进了理科实验班。

高考时，我考进了南京大学。顺带一提的是，当时我也应邀参加了香港大学的面试，可惜以失败告终，无缘香港大学。

进入南京大学后，大一、大二的平均成绩绩点只有 84 分，经过大三、大四的努力，最后平均成绩绩点被拉到了 90 分，位列年级前三。

申请研究生时，同时获得了香港大学、香港科技大学、香港中文大学 3 所大学的会计硕士录取通知书，最终选择了香港科技大学，弥补了 4 年前的遗憾。

如果要用一个词总结我的学生生涯，我想这个词就是：**逆袭**。

虽然和顶尖"学霸"不能比，但是我想我的学习经历，可以帮助大多数人找回学习的自信。

中学 6 年，在考试上我经受过打击。学业上的失利对我来说，早已习以为常。某种程度上，我都不愿把考试上的不好结果称为"失败"。因为我知道它是暂时的，是初始问题的暴露，但绝对不是终点。

即使现在，在写下这些文字时，我也深知自己在学习上仍有很多不足。不过我的人生信条就是"**逆袭**"，"**知不足而后改进**"是比结果更重要的信念。只要你能持续进步，予以耐心，时间自证一切。

所以，如果你正因为自己考倒数而妄自菲薄，因为学习成绩垫底而失去信心，因为努力了几次不见成果便想放弃……我想说的是，只要你愿意下决心改变，这些都只是暂时的。

在取得成功后，失败都不再被称为失败，而被称为"成功路上的小关卡"。多年后回首你会发现，这只是人生的一朵小浪花。**唯有选择放**

弃的那一刻，才是真正的失败。

我考了这么多次倒数，也能拿第一。你也一定可以！

1.1.3 需要被重新定义的"学习力"

我很清楚地知道，我自己没有什么特殊才能。好奇心、执念和顽强的忍耐力，加上自我批评，使我形成了自己的想法。

——阿尔伯特·爱因斯坦

中学时，我最想拥有的技能就是"学习轻松上道，考试次次高分"，当时的我认为这种"学习力"等同于"聪明"。

后来我发现，有一些在高中被老师、同学和家长公认为很聪明的同学，在高中3年的成绩实际是下滑的。而有一些高一、高二看上去很普通的同学，反而在高考中成绩优异、发挥超常。

直到这时，我才开始重新思考"学习力"的定义。

那么学习力究竟是什么呢？

学习力不等于聪明，学习力等于能持续进步的能力。

学习力其实是"持续进步"的代名词。

我回想了一下自己从"垫底"到"考第一"的经历，其中起关键作用的就是"能持续进步的能力"。

当你想搞好学习时，所有的一切都可以为此让路。

具体的措施步骤有以下3点。

第一是"**收心**"，心态上彻底摆正，告诉自己无论如何都要把不会的知识点弄懂。

第二是"**对着干**"，和自己想偷懒、想放弃的心对着干。比如，做作业做到一半想玩了，用理智抗衡懒惰。

第三是**"多学20%"**，如果作业是10道题，那你可以再多做2道，保证自己能把相关的变形题也做对。

别小看任何一个正确的微小行动，如果能坚持，就能取得惊人的进步。对我来说，最大的鼓励是：

从音标考试只能考40分进步到音标考试能考80分；

从数学成绩中下游的水平进步到数学成绩中上游的水平；

从跟不上老师课堂的节奏到能完整听懂并当场做出练习题。

初三时，在学习数学"圆"的那一章时，我把课外书里的题目跟着老师进度全部做完了，最后考试数学老师说全班只有一个人拿了满分——那个人就是我！

突破自我，在学习上取得进步的感觉，真的太棒了！千万别小瞧点点滴滴进步带来的成就感，这就是我在学习上"自信"的来源。

俗话说**"勿以善小而不为，勿以恶小而为之"**，换在学习进步上，也是同样的道理：**不要因为进步小而心急，不要因为目标大而胆怯。**

一点点进步都值得欣喜，即使他人不在意，自己也一定要给自己鼓励和掌声。

目标再大又怎样？

千里之行，始于足下。假以时日，成功在握。

1.1.4　学习好并不需要"很聪明"，但需要足够"有耐心"

重新定义完"学习力"，还有一点也十分重要，那就是需要足够"有耐心"。

这里不得不提考上复旦大学的芽芽，她是我们班的英语课代表。每次考试，芽芽总是考得又稳又好。

有一次我问她："为什么你每次考试都能稳拿高分呢？"

她说："我一直都这样，可能是我爸爸从小就这样培养我的吧。以前我英语成绩不好，单词不会拼，我爸爸就一遍一遍放录音教我，一点儿都没有不耐烦。最后,我的英语水平就是用这种最笨的方法进步的。从小爸爸对我的耐心陪伴让我在学习上无论遇到什么问题都不轻言放弃。"

她神情平淡,眼神明亮。就在这一瞬间,我突然意识到了**父母对孩子的引导有多么重要!耐心对学习的进步有多么重要!**

面对困境,人的天性就是逃避、浮躁和急于求成,甚至一些人在心理防线不强且不能解决问题时,就会彻底崩溃。

学习本身并不是一件轻而易举就能取得好成绩的事情,起码对我来说是这样。无论是父母给孩子的耐心,还是孩子自己给自己的耐心,都会影响学习效果!因为这种踏实、有安全感的学习氛围会潜移默化地影响人们从小的学习习惯。

我回想自己小时候学习的情境,虽然爸爸没有一遍一遍教我学英语,但是也非常有耐心地一遍一遍教我做数学题。并且,我的爸妈很少指责我的学习成绩,这点和芽芽的经历非常相似:"我爸妈从来不会因为我考不好而指责我,因为他们知道,我考不好自己已经非常难过了,反而会想方设法来安慰我。"

所以,在学习上"有耐心"比"很聪明"更重要。

前面说过,"学习力"是"能持续进步的能力"。具体来说,学习力有以下 3 个要点。

(1)**能进步**。

(2)**能持续**。

(3)**有耐心**。

能进步是首要条件,其次是能持续。

而能持续进步的过程中很可能会屡次遇到困难,因此,我们还必须有耐心。

有一幅画贴切地形容了人们获得成功的过程,如图 1.1 所示。

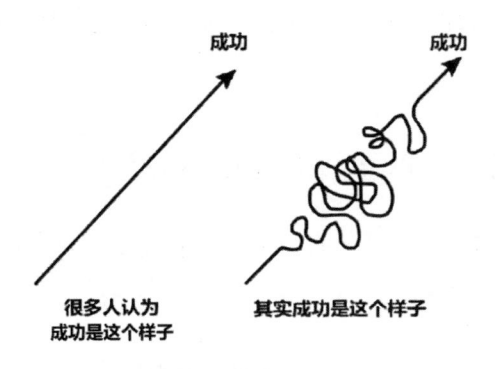

图 1.1 成功的样子

人们总以为通往成功的道路是一条直线，而事实上，通往成功的道路是一条缠绕的曲线。

正是因为失败的次数太多，我反而开始变得有耐心、变得不急于求成。如果此刻的你也正处于某个学习困境中，那么，这将是你提升学习力的大好时机。

放松心态，多给自己点儿时间，用本书所讲的方法突破学习瓶颈期。我相信，我们终将穿越逆境抵达繁星。

【本节知识点回顾】

1. "学霸"的3个品质：能坚持、热爱学习、能持续进步。

2. 聪明不等于学习力强，能持续进步才是成功的关键因素。"学霸"的坚毅品质决定了"学霸"能从更长期的维度上获得成功。

3. 通往成功的道路往往不是一条直线，而是一条缠绕的曲线。

1.2 唤醒学习心智，升级学习操作系统

1.2.1 唤醒学习心智，由你自己决定如何学习

写下这段文字时，我一直在思考一个问题："高中时期的我，真的懂得这么多学习方法吗？"

答案是否定的。

高中时期，我绝对不会像现在这样熟悉各种学习方法的理论。"费曼学习法"是我上大学才接触到的学习方法，"每次都要更有方法地学习"也是读研究生时才逐渐拥有的想法。

但为什么我还是能考好？其实答案很简单：**目标感大于一切**。

事实上，有很多很成功的人对目标感更加执着。比如：

只有偏执狂才能生存。

——安迪·格鲁夫

我做事总有一个习惯，在做决定前，我总会冷静地思考、判断，但一旦我做出决定，就将义无反顾地执行到底。

——约翰·洛克菲勒

永不放弃！

——温斯顿·丘吉尔

永远记住：你自己想取得成功的决心比任何一件东西都重要。

——亚伯拉罕·林肯

因为太想做成了，所以无论怎样都会做到！这就是学习动机的来源。

即使不明白科学学习的理论和最基本的学习道理，一些方法我们早已耳熟能详了：好好听讲、认真写作业、做好预习复习功课、不懂就问

同学或老师……

假设你是一个从内心真正渴望提升学习成绩的人，以上内容是否很难做到？

一个内心真正渴望提升学习成绩的人：
上课听讲，即使听不懂，下课也会反复思考。
做好预习复习功课，即使觉得已经掌握，也会打开书花15分钟复盘。
有不懂的问题，还是会硬着头皮找老师再讲解一下。
……

那什么样的人是内心真正渴望提升学习成绩的人呢？
答案是唤醒了学习心智的人。

可能有人会说，谁不想提升学习成绩呢？产生了想提升学习成绩的想法不就是唤醒了学习心智吗？其实，单单产生一种想法还真不能称为唤醒了学习心智。科学研究统计，人的大脑每天会产生成千上万种想法，有一些想法很不理智，有一些想法异想天开，而只有很一小部分的想法，才是真正经过大脑决策的理性成熟的想法。

举个最简单的例子，很多人总说要减肥，唤醒减肥心智的人，是可以做到戒掉零食、定期运动的；没唤醒减肥心智的人，就真的只是嘴上说减肥而已。

在学习上，唤醒了学习心智的人通常有以下几点表现。
（1）一切以真正进步为目的。
（2）愿意付出十倍甚至百倍的努力。
（3）能够忍受暂时的失败和挫折。
（4）能自我督促、主动探究学习中出现的问题。
……

事实上，一个内心真正渴望提升学习成绩的人思考问题的方式是以下这样的。

上课听讲听不懂。为什么我听不懂？→理解能力比较弱。理解能力弱怎么办？→笨鸟先飞，下次好好预习。如何好好预习？→提前一天把课本上的概念看完、例题做完。看有没有效果。

结果1：上课能听懂→下次就这么办。

结果2：预习了，但上课还是听不懂。→坚持预习但听不懂，是预习效果问题，还是其他原因？→预习到位了，但上课还涉及前几章的知识点。以前没学扎实？→把前几章的知识点补充上，看有没有效果。

结果1：上课能听懂 → 下次就这么办。

结果2：坚持预习+补充知识点，但上课还是听不懂。→坚持预习、补充知识点，并考虑是否有其他影响因素……

这一过程有点儿像"做实验"，控制变量、循环探究，想要进步的人最终都可以找出"不能进步"的问题所在，并予以解决。**不过不要忘了，这一循环的开始，还取决于一个非常重要的假定：你是一个从内心真正渴望提升学习成绩的人。**

一旦达到了唤醒学习心智的状态，便不必拘泥于外在的形式，由你决定该如何学习。

举个例子，高一时，我们班上有一个很聪明的女同学，坐在我邻桌，数学成绩很好，最终考取了香港中文大学。那时学习任务还没有高三那么繁重，放学也早，所以有很多时间可以给我们自由安排。有一次，她数学测验没有及格（50多分），她自己不以为意，但数学老师大为震惊，还在上课时点名让她注意。

因为坐得近，所以聊得也多一些。令我感到意外的是，她对这次糟糕的成绩表示坦然接受，并说事出有因——最近想休息而没有好好做作业，但对自己的下一次考试非常有信心。

接下来的两周，她不仅疯狂补齐前面没有认真完成的数学作业，还加倍努力地做了很多课外题。结果在下一次的数学测验中，她考了 98 分！

这一经历令我印象深刻，因为我认识到"学霸"对自我学习能力的掌控。说到底，她在用她自己的方式决定着如何学习。

在我眼中，她就是唤醒了学习心智的人。首先，我并不认为她的考试成绩不及格是不会学习的表现，恰恰相反，她已经非常了解自己的学习能力和节奏了；其次，她在认真学习时的表现，完全符合唤醒学习心智的人的几点表现。

那么，我们怎么做才能唤醒自己的学习心智呢？

最好且简单易行的方式就是寻找榜样。

这又回到了前面提到的**"目标感大于一切"**。在初中时，我特别想考上我的高中母校（市里数一数二的重点高中）。说起来这个原因也特别有趣，有一次我看新闻采访，正好说的是一个"学霸"被保送北京大学的故事。故事的主人公是一个"学霸"师兄，而他上的就是我的高中母校。

出于对师兄上北京大学的故事的好奇，我把相关的报道和采访全都看了。比如，知道"学霸"师兄很喜欢读文学作品；同学对他的评价是"理科生里文科学得最好的，文科生里理科学得最好的"；学校把保送名额给他的时候，全年级同学都觉得理应是他……

当时我就决定，我要学习的榜样就是他了！

榜样的力量真的是无穷的。每当我考得不好或学习疲倦想放弃的时候，我都会想："假如我是'学霸'师兄，我会这么轻易放弃吗？应该不会！我应该要再坚持一下！"就这样，凭借着榜样的力量和自我激励，我成功考上了理想高中。

说了这么多，想告诉大家的是，找到一个真正能够"唤醒学习心智的内心渴望"是非常重要的，这将成为你坚持学习、努力拼搏的原动力。

同时，你应当自己决定该如何学习。当你不知道如何做时，最简单易行的方式就是找榜样。记住，目标感大于一切！

1.2.2 你了解你的学习操作系统吗

当我们要决定该如何学习时,首先要了解喜欢且适合自己的学习方法。

大家不妨尝试问自己一个问题,你了解你的学习操作系统吗?

其实学习的过程跟计算机操作系统的运行非常像,比如,信息的输入、处理、输出、记忆存储、速度优化、软件升级等。电影《垫底辣妹》的原型工藤沙耶加的老师坪田信贵曾列出以下9个维度评估学生的学习素质,这里我们可以作为参考。

(1)思考、计算的速度和正确率。
(2)创造力。
(3)说话技巧。
(4)学习能力和相符的学历。
(5)词汇水平和杂学知识。
(6)判断、推理能力。
(7)执行力。
(8)对事情的掌控力。
(9)倾听能力。

坪田信贵指出,以上9个维度其实都只是"1种能力"的表象。这"1种能力"被他描述为:日常生活中,明确要解决的任务是什么,通过反思如何将这项任务做得更好,不断摸索,反复试验,最终正确解决问题的能力。

其实在我看来,明确要解决的任务和反复试验指向的是"运行",而不断摸索、最终正确解决问题指向的是"升级"。**学习成绩优异的人,就是能按部就班地运行和升级操作系统的人**。

那么,我们要怎样才能了解自己的学习操作系统呢?我认为最基本的有以下几个方面。

（1）了解自己的输入系统：我是如何接收新知识的？新知识从哪儿来？主动输入还是被动输入？

（2）了解自己的处理系统：我是如何内化新知识的？速度如何？

（3）了解自己的输出系统：我是如何应用新知识的？是否能熟练掌握？正确率如何？

（4）了解自己的升级系统：我是如何建立反馈机制的？能否进行自我迭代？升级的频率是多久？

当我们了解了自己的学习操作系统后，最大的好处是你将能自己找出提升学习成绩的方法。简单来说，它能帮你应对世界上任何考试。

这里不得不提在我的学生生涯里，惨败至极的一次"考试滑铁卢事件"——GMAT（Graduate Management Admission Test，管理学研究生入学考试）。GMAT是美国商学院研究生的入学考试，以考逻辑著称。考试满分是800分，能考到700分以上算是高分，申请比较好的研究生院校基本就没问题了。

不尽如人意的是我足足考了4次才考到700分以上！前3次的分数分别是680分、680分和670分。当拿到第三次考试的分数时，我几乎崩溃——前两次考试没有引起我的足够重视，没考好后心理防线还能坚守住，第三次考试我非常重视地准备了两个月，可结果竟然比前两次的分数还低？

冷静下来，我痛定思痛，认为肯定是哪里出了大问题。申请期限临近，我开始用我能想到的一切办法对付GMAT。逐一检查我的输入系统、处理系统、输出系统和升级系统，问题立马出现。

问题自查过程如下。

（1）**输入系统**：不清楚GMAT本质上是考逻辑，而错把它当成托福等语言类考试准备；GMAT备考信息收集得不够，输入的是零星的、碎片化的考点。

（2）**处理系统**：自学时以看教材理论为主，例题练习不充分，有时无法理解答案，速度慢。

（3）**输出系统**：正确率低。仿真模考在考前都没有完整地做过一次。

（4）**升级系统**：根本不清楚应该如何提高。备考非常迷茫。

当我诊断完毕后，发现我在 GMAT 上的 4 个方面全部都有漏洞。当时我的心理防线已经接近崩溃，更糟糕的是，在"升级系统"方面，我无法完成自我升级，因为我根本不知道自己怎么做才能把 GMAT 考好。

意识到了自己的问题，我做了一个决定：放弃自学，寻找有经验的老师，请老师帮我指点迷津。

幸好，当时碰到了一位任教多年，后来去哈佛大学商学院念 MBA（Master of Business Adminstration，工商管理硕士）的老师，她帮我纠正了之前对 GMAT 的错误理解。在"输入系统"上，她帮我归纳梳理了全部考点和应对方法；在"处理系统"上，她督促我按照正确的思维逻辑和步骤解题；在"输出系统"上，我坚持刷真题、对照知识点寻找错误原因，后来错题的正确率提高了很多；在"升级系统"上，我突然感觉自己对 GMAT 的理解到达了一个新的高度。

就这样，第四次考试我终于顺利通过，考取了 730 分。

虽然这一次考试的过程有点儿坎坷，但最终顺利通过得益于我对当时自己学习状态的判断，即清楚地意识到学习操作系统出现了自身难以解决的问题。在通过 GMAT 后，我的学习操作系统完成了一次真正意义上的升级。因为在对比完"自学模式"和"上课模式"的不同后，我发现如果我可以做好输入系统、处理系统、输出系统和升级系统这 4 个方面的把控，成绩的提升是非常明显的。

这就给我之后的学习提供了非常实用的方法论——如果学习出现问题，不妨先看看自己的学习操作系统是否又需要更新了。

1.2.3 科学学习：如何升级学习操作系统

1.2.2 小节我们分享了如何从 4 个方面（输入系统、处理系统、输出系统和升级系统）检查自己的学习操作系统，本小节我们讲解如何升级自身的学习操作系统。

就像每隔一段时间，打开计算机后系统会自动弹出"软件更新"的提示一样，我们也可以时常问自己：我们的学习操作系统是否需要更新？

更新的目的是下次运行时让处理速度更快、正确率更高、使用感更愉悦。

举一个非常简单的小例子。在网上分享英语知识时，我经常被问到的问题是："背英语单词好痛苦，为什么就是背不会呢？"

其实，在很久以前我也遇到过这个问题，在我什么都不懂时，我采取的是最笨的办法：死记硬背。能够坚持执行"死记硬背"这一方式，就达到了背单词的最基本要求。而如果能主动收集一些前人分享的好用的背单词方法，如"词根词缀法""A4纸背单词法""谐音联想记忆法"等，就相当于进行了一次学习操作系统的升级。

初中时，我在偶然接触到"词根词缀法"背单词后，迈出了告别"死记硬背"背单词的第一步。我发现有一些词根、词缀的意思是固定的，从此看单词再也不是无规律的字母拼在一起。后来，我又接触到很多神奇的背单词方法，如"谐音联想记忆法"等。彼时我已经有了一定的单词积累，用上这些方法更觉得背单词不再是枯燥乏味的事，甚至认为背单词可以成为日常学习前的简单"热身"。

回顾整个过程，从"痛苦地死记硬背背单词"到"觉得背单词是简单甚至有趣的家常便饭"，从"记忆困难、感到枯燥"到"发觉有趣、得心应手"，就是我在"背单词"上完成了一次小小的升级。

在这个过程中，有3个要点值得注意：**第一，能够科学地检索信息；第二，主动实践；第三，建立正反馈机制。**

做到以上3点，我们就可以升级自身的学习操作系统了。

值得一提的是，如何科学地检索对升级系统有用的信息？我想，最主要的是用好搜索引擎。

首先，**如何用好搜索引擎呢？**不知道你是否发觉，不同搜索引擎搜索出来的内容是大不相同的。我们绝大多数人可能最常用的搜索引擎是百度,但其实还有诸如360等搜索引擎可以使用。另外,学校图书馆和付费电子书库也是非常重要的信息来源。

比如,我曾经用收集信息的方法找到了能科学有效地应对"分心、拖延和熬夜犯困"的方法。

第一步就是网上搜索,我按照"专注""犯困""战胜拖延"等关键词搜索了相关的内容,结果在网上看到了不少关于"科学学习"的研究。

比如,对于**分心**,我知道了适当的分心更有助于大脑做创造性的工作。例如在世界象棋锦标赛中,著名天才级棋手卡斯帕罗夫和一名13岁的小男孩马格纳斯·卡尔森对弈,在对弈过程中,卡斯帕罗夫竟然惊奇地发现这名13岁的小男孩在他思考的空档看别的选手下棋。大家都认为小男孩分心了,不会赢得比赛,但事实是,这是一场平局。这是因为**大脑有"专注模式"和"发散模式"两种,应对有挑战性的任务时,大脑会切换成"发散模式",但如果任务不能一下子解决,可以适当分下心,更有助于解决难题**。

比如,对于**拖延**,有关科学研究表明,稍微改变一下拖延的顺序,做事效果会差别很大。比如,"一拖到底,到最后一刻才开始完成任务的拖延"和"先做15分钟,再把事情放在一边的拖延"是完全不一样的。前者常常产生不良的后果,而在后者的情况下,大脑会在潜意识里开启思考模式,主动收集能解决问题的相关信息,同时在"飞轮效应"的作用下,会更主动想完成任务。

比如,关于**熬夜犯困**,我们知道睡眠质量取决于睡眠周期,一般来说,睡"2.5小时"的整数倍醒来时便不会感到疲倦。在持续10年的一系列实验中,加州大学圣迭戈分校的萨拉·梅德尼克发现,**那些白天睡过一小时午觉的人,成绩会比没有午睡的人高出约30%**。

事实上,前人关于科学学习的研究并不少,不仅网上有前人的经验分享,已出版的众多学习方法类书籍里也有,最重要的是我们如何获取信息并为自己所用。

当然,多与身边优秀的人保持交流也是获取信息的一种方式。不过，如果高品质的交流可遇不可求，那么用好搜索引擎便也不失为一种方式。

再来说一下升级学习操作系统的第二点"**主动实践**"。在学习上，适合自己的学习方法都是试出来的，很多后来在学术上大有成就的人甚至在学校里一开始被认为不如其他人，这都是旁人用错误的教育培养方式过早地评估了一个人的潜力，典型的例子有爱因斯坦、爱迪生、牛顿、华罗庚、达尔文等。

而第三点"**建立正反馈机制**"是指我们在取得进步后，就争取进入**良性循环**。简单来说，就是怎么样有效，下次就这么做。在学习上能看到进步自然是最开心的。

最后，升级学习操作系统是一件做了就会上瘾的事。并且，升级后的系统版本将会很难再降下来。过程不会一蹴而就，只要坚持总归会等到学习突飞猛进的那一天。

> 【本节知识点回顾】
> 1. 我们是自主学习的人。
> （1）目标感是学习的原动力。
> （2）唤醒学习心智，就是从内心渴望学习。
> （3）缺乏动力时，最简单易行的办法就是找榜样。
> 2. 升级学习操作系统的3个要点：能够科学地检索信息、主动实践、建立正反馈机制。

1.3 考试不难，先吃一颗定心丸

很多同学一听到考试就头大，但任何考试都有解决方案。

考试不是探索人类未知的边界，而是在已知且有序的知识框架下考核学习能力。听说过"会者不难"这句话吗？如果是已经会的知识，我们只要保证能运用得不出错就行，而不会的知识，平时把它们都解决掉就可以了。放心，解决它们都有办法。

所以，我想对所有害怕考试的同学们说：考试真的没你想象的那么难！

1.3.1 应对任何考试，都要知己知彼

在中学阶段，每个中国学生都要面临升学压力，不得不说，考试没考好这件事，或多或少会影响学习的自信。

那么，如何使学习成绩优异呢？

不知道你有没有发现，老师上课其实都会按照一定的步骤来。就拿数学课来说，老师一般先讲数学课本上的定义、概念、定理，然后开始讲例题，例题讲完还会补充几道变形题，确保同学们能真正理解。日常的作业都是围绕当天的课程进行巩固。每章结束时，老师还会强调一下考试重点，告诉你什么考、什么不考。

高中时，我的周围有很多"学霸"，因为早已熟知这一套流程，就经常会在学有余力之际"超前学习"。比如，提前做例题、进行章节复习等。

就像老师的"格式化教学"一样，只要是标准化考试，理论上我们都能做到"程序化应对"，关键是要做到对考试知己知彼。

比方说，回顾高三所有科目的复习安排，本质上都是以下这样的。

明确考试大纲→根据考试大纲逐一明确考点→做题、做题、再做题，巩固基础→一模考试→做题、做题、再做题，强化考点→二模考试→做题、做题、再做题，冲刺提分→三模考试→高考。

这一学习过程很有意义，完全可以帮助我们应对重要的升学考试，并且该过程在逻辑上很清晰。

（1）根据考试大纲考点，认知考什么、学什么，有的放矢。
（2）逐渐加强考点应用，分3个阶段：基础、强化、冲刺。
（3）仿真模考。

值得一提的是，如果仔细研究考研的复习规划，你就会发现大多数学生也是这样安排的。知道了这一过程，我们就可以制订学习计划。

说完了考试通用的复习过程，我们再来说说在基础、强化、冲刺阶段，应该如何正确理解并运用知识点。

这里我有一个非常实用的方法分享给大家，即**找不同——找自己的解题步骤和正确答案的解题步骤有何不同**。

千万别小瞧这3个字，用好了真的会有奇效。

坪田信贵在《才能变现》里曾经提到，如果想要提高成绩，只请教成绩好的人是不够的，还要"拍视频"。先拍视频，然后找不同，最后完全模仿。因为人在学习工作时，有一些细节是下意识产生而自己意识不到的，而这些细节有时非常重要。

我的初中物理老师有一次在课堂上分享学习方法，他说，在他教过的学生中，有物理成绩一开始很差但后来进步巨大的。那是怎么做到的呢？方法是，他要求基础差的学生上课做例题一定要自己做，并且尽量在老师公布答案前自己算出答案。如果做错，就"找不同"，看和老师的思路究竟有什么不一样的地方。

寻找和老师的思路有什么不一样，寻找和标准答案的解题步骤有什么不一样，寻找和解题速度快的"学霸"的解法有什么不一样等，时不时找不同，就能有新的发现。

此外，通过了解考试大纲，分基础、强化、冲刺阶段制订学习计划，通过"找不同"的方法理解知识点后，还有最后一个必不可少的环节，那就是，仿真模考。

我不止一次向周围学习好的同学请教，发现他们认为最有效的能提升考试成绩的方法就是仿真模考。认真分析模考结果，有针对性地查漏补缺，提升成绩会有立竿见影的效果。其中的原理和费曼学习法如出一辙。费曼学习法强调的是"教是最好的学"，用"输出"倒逼"输入"。考试是一种"输出"，发现不会的知识点立马"输入"，印象会非常深刻。

有趣的是，国外某知名学习博主分享学习经验时也说到了这一点。他是剑桥大学的医学博士，也是视频网站上拥有 300 多万粉丝的知识博主。他在一期视频中分享了自己进入剑桥大学的经验，其中就谈到了至关重要的学习方法：**自我测验**。

方式是考试前先不打开书，凭借自己的印象从关键词开始联想，有联想不起来或不清晰的地方再回去看知识点。他还提到，对部分考试而言，他会在开始学知识点前就进行自我测试，目的是看自己离预期的学习目标究竟还有多远。

我想，相比于"探索人类未知的边界"，标准化考试毕竟是有答案的。有答案，那就简单许多，应对考试，我们完全可以做到知己知彼。当然，学习不仅仅是为了考试，在很多科学发展的前沿需要我们人类发散思考、勇于探索。

不过，从模仿到超越、从已知到未知、从凝聚到发散都是一个循序渐进的过程。在学生时代，先把考试想办法搞定，这本身也是对学习能力的锻炼。

1.3.2　信念制胜——就要一次性通过

从小到大，无论是小学、初中还是高中，都有不同的学科老师讲过同样的一句话——**凡事要么不做，要么一次做到位！**

刚上高中那会儿，我担心自己跟不上，因此，我想出一个后来被验证是很糟糕的办法，那就是每节课都录音。

上课时，因为有录音，我反而会心安地"开小差"，想着"反正回家还可以听"。结果每次回家后，作业不少但我要补听上课的知识点。每天在学校上课 8 个小时，回家后晚饭加上写作业的时间都不足 8 小时，补课再做作业，时间上来不及还非常疲惫。

持续了一段时间，我意识到这样真的不行，因此果断放弃了录音，重新认真听课。没有了所谓的"录音保障"，我便不敢随意开小差，听课效果和质量都明显提高了。

这时我才又想起了很久以前，老师曾说过的话："凡事要么不做，要么一次做到位！"真的是很有道理啊！

在学习上，一次做到位的检验标准就是能否一次性通过考试。放在平时，就是作业能否一次做对，上课能否一遍听懂，考试能否一次性拿高分。

"一次性通过"的信念，对学习非常重要。一方面，能节省时间、精力。另一方面，"一次性通过"是一件很值得兴奋的事，能让你逐渐对自己的能力产生信心。但更重要的是，它能增强学习力。

如果一件事情可以做很多次，心理上就会产生"无所谓"的懈怠感。但是如果"只有一次"，就会产生"我要好好做""珍惜这一次机会"的念头。

当上课想分心时，一想到只能听这一次，便会立马紧张起来提醒自己注意力集中。

当写作业想应付时，一想到写错还要订正、整理错题、找老师重新批改，便会打起精神认真对待。

当备考想偷懒时，一想到重考还需要再经历"考试的折磨"，便会告诉自己再坚持一下。

总之，一旦养成了这样思考的习惯，认真学习便成为一种习惯！

当然，"一次到位"并不是说不能"返工"，千万不要误解成"上课听讲完，就不用复习了"。"努力一次过"和"不要复习"是两个概念。前者强调的是，只要学习，就要尽全力把手头上的学习任务做到最好。如果老师说需要复习3次，那么每一次复习都要争取达到最好的效果。

这里，我还想说，通过考试只是最后的结果，做好过程，一切都会水到渠成。抱着"一次性通过"的信念对待学习，效果会事半功倍。

1.3.3 像"学霸"一样努力思考

中学时,每次遇到很难的大考,都有"学霸"依然"屹立不倒",甚至还会有"学霸"轻描淡写地来一句"会者不难"。甚至还有一些更厉害的同学,他们不仅期中、期末等学校教学范围内的考试游刃有余,连各类学科竞赛都非常拿手——这种学习能力非常令人羡慕。

在高二分班去理科实验班后,我的这种感觉便愈发强烈了。当时不仅我们班,连相邻的班级里也是"高手如云"。我一方面感觉自己压力不小;另一方面也觉得这是个"偷学"的好机会,正好看看学习高手都是怎样学习的。

正因为我在平行班、实验班中都待过,所以我可以清晰地感受到老师教学方式的差异。令我惊讶的是,在实验班,我明显感到老师授课的方式和内容反而更加提纲挈领、更加需要自己思考得出结论。而在平行班,老师授课时会更详细地讲解知识点,详细到每一个步骤的推演和细节。

正是这种区别,让我在高二新进入理科实验班时,花了不少时间调整、适应。不过我的新同学们倒是已经习以为常。上课老师点到为止,重点知识也不会反反复复一直讲,剩下的消化和巩固全部要自己完成。

那这些**学习高手遇到不懂的问题都是怎样解决的呢?答案是讨论解决。**

每天课间和晚自习要结束时,都要上演的一幕就是教室前、中、后各自形成"学习小组",同学们相互讨论题目。讨论的目标是所有人提出的问题都被解决,所有人也都能被说服。因此,再难的问题,真理也总是越辩越明的。

那究竟怎样才算是"会思考"呢?

有本书中曾提到过"问题驱动"这一学习原理,**问题可以促使学习者更好地将知识运用到解决问题的情境中。**

诺贝尔物理学奖获得者、著名物理学家阿尔伯特·爱因斯坦曾说:

"如果我遇到一个生死攸关的难题，要在1小时内解决它，那么我会用前55分钟思考并提出正确的问题，因为只要问题得当，解决它的过程就用不了5分钟。"

所以，会思考的重要表现就是：能主动提出问题、解决问题，还能用思考得出的结论有理有据地说服他人。**会思考的人，一定是会提问题的人。**

如果不知道怎么提问题，可以试着从以下几点寻找启示。

（1）这道题为什么这么做？
（2）用到了哪些我没掌握的知识点？
（3）我之前的想法为什么不对？
（4）我之前的想法为什么是对的？
（5）还有没有更好、更快的解法？
（6）下次遇到这样的问题，我要怎么做？

我们要解决的无非是"为什么""怎么做""下次怎么更好地做"这3大问题，当然，上面列举的问题仅仅是抛砖引玉而已，具体问题还要具体分析。

提出问题后，可以向老师、同学请教，或者自己思索解答。说个小插曲，初中时，我曾经通过课外数学教辅书编写者留的公开邮箱给作者发过邮件，请教想不通的数学问题，没想到作者竟然很快回复了我，并且解释得很详细，这让我很是意外和感激。这次愉快的体验让我从此不再排斥提出问题，他人有问题问我的时候也倾力解答，因为我认为这也是另一种学习。

【本节知识点回顾】

1. 应对考试，事先做足功课很重要。
（1）知己知彼，了解考试大纲。
（2）回顾思路与答案，仔细寻找不同。

（3）进行充足的自我测试。

2.拥有"一次性通过"考试的信念：要么不做，要么就一次通过。

3.努力是学习优异者的标配，想成为更厉害的学习者，还要会思考。

【本章重点回顾】

1.普通人和"学霸"究竟差在哪儿？

（1）"学霸"能坚持：把简单的事重复做，就会变得不简单。

（2）"学霸"热爱学习：从被动学习变为主动学习，不抱怨、爱"啃"书。

（3）"学霸"能持续进步：起点不重要，能持续进步更重要。"学霸"的坚毅是驱使"学霸"进步的宝贵品性。

2.目标感大于一切：因为太想做成了，所以无论怎样都会做到！真正渴望学习的人，会拥有迫切想要解决问题的决心。榜样的力量是无穷的，当找不到目标的时候，不妨找一下榜样。

3.个人学习操作系统有4个方面：输入系统、处理系统、输出系统和升级系统。自查学习成绩为什么不能提高，就从这4个方面入手。

4.升级学习操作系统的关键步骤如下。

（1）能够科学地检索信息。

（2）主动实践。

（3）建立正反馈机制。

5. 对待考试，我们可以这样突破：根据考试大纲学习考点，分基础、强化、冲刺3个阶段针对练习，并辅以仿真模考。

6. 拥有"一次性通过"的信念，考试效果更加显著。

7. "多提问"可以训练思考能力，我们要解决的无非是"为什么""怎么做""下次怎么更好地做"这3大问题。

第 2 章

模仿高手，是成为高手最快的方式

每次升学，我都有"前期垫底、不断努力、最终逆袭"的经历，升初中、升高中、高中分班、进大学无一例外。

中学时，我经常会有"垫底学生通过努力成为班级前三名"的表现。一开始入学摸底测试垫底，但一两个学期后就能大幅提高成绩，甚至成为班级第一。数学老师大概也发现了我这种"逆袭"的特质，才会向班主任推荐我当班长，以激励大家不要放弃、认真学习。

对此，我也逐渐弄明白了是怎么一回事。

升学就像是乘电梯，我每次都是最后一批搭上电梯的人，这样就被很多学习高手包围着。初期学习成绩确实不好，但因为我会模仿他人如何学习、向比我厉害的人取经，所以努力通常卓有成效，成绩大幅提高。

就这样，最后我也成了他人眼中的"学霸"。

自身的经历令我确信：只要方法正确，任何人都可以通过模仿高手而成为高手。

因此在本章中，我将结合自身的经验介绍"模仿学习高手"的效果，并把我的感悟梳理成一些切实可行的行动指南。如果此刻的你正因学习而苦恼，请你不要怀疑自己的能力，因为我已经垫底逆袭过无数次了。相信我可以，你也一定可以。

2.1 像高手一样学习

软件银行总裁孙正义曾经的助手三木雄信曾在书里描述过孙正义的一句口头禅：**思考时，不要超过 10 秒。**

三木雄信认为孙正义这句话的意思是：考虑 10 秒后还得不出答案，一个人再怎么思考也无济于事，此时应该和他人讨论，听取他人意见。

由此看来，高手都喜欢借用他人的智慧解决自己的问题。既管用，又高效。

这个道理在学习领域也适用。如果不会学习，不妨先借助一下学习高手的智慧。好消息是，借助智慧并不难——只需识别出身边的高手，加以模仿即可。具体可以从 3 个方面入手：一是看高手如何做；二是模仿高手的做法；三是思考高手为什么这么做。

"学会学习"是每一个高效学习者的必修课。会模仿的人，学习一定不会差，就让我们从模仿开始，像高手一样学习。

2.1.1 观察你身边的学习高手

想要快速学会一项技能，模仿高手是最快、最有效的方式。

美国畅销书作家丹尼尔·科伊尔在《像高手一样行动》里描述了世界顶级网球教练蒂莫西·加尔韦做过的一项实验。

该实验召集了一批从来没有打过网球的中年女性，加尔韦又通过测试挑选了其中一位最没有潜力的女性。加尔韦给她的指令很简单：凝视他的正手击球、脚步移动、握拍方式和击打节奏等一系列动作。

注意这里的用词是"凝视"，意味着要仔细观察。结果令人吃惊，在 20 分钟内，这名女性就完成了令人震撼的完美正手击球动作。

这项实验很好地验证了"模仿"是快速学习新技能的重要方法。

从学生时代起，我就一直思考关于"如何才能搞好学习"的问题，其中对我影响很大的一个启示是：**即使自身的条件并不突出，也能够通过模仿高手而取得高于平均值的成绩。**

高中分班时，我被分进了年级较好的4个理科班之一。高考成绩出来，一个班40多人，最终有2位清华大学、3位复旦大学、2位上海交通大学、1位浙江大学、1位中国科学院大学、5位南京大学，还有2位提前就被保送中国科学技术大学的同学。

我是平行班考上来的，刚进入新班级时，常常惊讶于同班同学的聪明才智。他们总是思路清晰、反应敏捷，做题的速度和准确率都十分令我羡慕。相比之下，我在学习上就有点儿吃力了。

课堂上，当老师随机找同学回答问题时同学们基本都能答对，上课节奏很快。而我时常在同学给出正确答案后还没完全理解，考试成绩也常处于中下游。为此，我曾十分担忧。

不过我相信**学习上的事，总有办法可以解决。**

既然学习高手就在身边，那我就模仿他们怎么学。我主要做了以下2件事情。

（1）观察并运用"学霸"的学习习惯。
（2）大胆向"学霸"请教、求助。

比如，观察"学霸"一天的学习安排，什么时候做什么样的事情。如果笔记记得慢，我就借"学霸"的笔记研究怎么简写、怎么标注重点、哪些信息需要关注、哪些内容可以省略不写。在尽量不打扰他人的情况下，默默对比自己和"学霸"在行为上有什么不同。

如果难题不会做，我会礼貌地向"学霸"请教。特别关注他们拿到题的第一步、第二步、第三步是怎么想的，做什么，为什么这么想、这么做。如果实在不好意思，就抄写"学霸"的解题步骤，记下常用的解题技巧和套路。

不出两个月，我就逐渐适应了新班级的学习节奏，成绩也稳定在中上游水平，偶尔还能排到班中的前几名。

在大学里，我已经可以熟练运用"模仿"这项技能，并把步骤标准化。**"模仿"只需做到 4 步：仔细观察、认真模仿、练习改进、决胜超越。**

模仿的对象也逐步从身边的同学扩展到了大学教授、考研网课里的老师、厉害的学长学姐等。总之，如果想要搞好学习，找到榜样并努力模仿不失为一种有效的办法。

2.1.2 学习高手身上的 5 个优秀特质

事实上，我很早就意识到了自己在学习上的缺点和优势：**不擅长创新，但非常擅长模仿**。这具体表现在，总有"聪明的同龄人"可以刚学完新知识点就能立马应用，比如，刚学完一个定理就能解题，而我很难在没见过相似题目解法的情况下自己想出答案。

但幸好上帝在关上一扇门的同时，又会为我打开一扇窗。在接受了自己就是"不擅长创新"的事实后，我决定要将"擅长模仿"的优势发挥到极致。

因为经常观察学习高手，我从他们身上发现了 5 个优秀特质。这些特质让我明白了自身和学习高手的差距，也让我开始有意识地训练自己的相关能力。这 5 个优秀特质分别是**内驱性主动、元认知强、善于内化、科学休息和心态积极**。

特质一：内驱性主动。

没有什么比内心想学习的渴望更重要。这种渴望绝大部分来自目标感。

高三誓师大会时，教导主任让同学们勇敢地上台喊出自己想要考的大学。

当时没有几个人敢上台，在大家都还羞涩胆怯地处于观望状态时，一位高一、高二成绩都很一般的男生上台，非常富有激情地大声喊出了他要考南京大学。

台下掌声雷动。一些同学是佩服他的勇气，也有一些同学是给他鼓励。后来，他的确非常努力地学习，最终考上了南京大学。

我至今对他富有决心的状态印象深刻，那种笃定的目标感非常富有感染力。其实现在回看年级里考上清华大学、北京大学的同学，他们都属于"内驱性主动"的学习者：目标坚定、主动学习。

虽然他们不说，但可以感受到他们对实现目标的执着。老师不查的《五三》会仔仔细细一题接一题地做；错题弄不懂就相互切磋、深究到底，无论如何都要搞明白。这种"拼命三郎"的气质在"学霸"身上都能捕捉到。

找到自己学习的原动力，让内心的渴望推着自己往前走，这是我观察到的学习高手的第一个特质。

特质二：元认知强。

"元认知"是指"对自己当前的认知进行监控的能力"。在学习上，可以定义为"对自己学习力的迭代能力"。

这点在"学霸"的错题本上有所体现。我曾经借过一个"学霸"的笔记本看，发现她的笔记本上有各种符号，如"*""！""√"等。

我很好奇，于是就问她这些符号是什么意思，她笑了笑，说是自己的特殊标注。"*"代表"重点"，意思是自己遗漏的重要知识点；"！"代表"注意错误"，意思是自己这样想是错的；"√"代表"解题套路"，意思是这类题下次还可以这样解。

这时我才发现"学霸"的错题整理可以做得如此细致，他们会有意识地复盘自己哪些题会做对、哪些题会做错，并问自己以下问题。

（1）这个问题我这样思考的依据是什么？
（2）我和他人思考的差异在哪里？
（3）在我的思考过程中，我有没有纰漏？

（4）下次遇到这样的问题，我怎样才能更好地解决？

能"思考自己的思考过程"是学习的更高层次。元认知强，是我观察到的学习高手的第二个特质。

特质三：善于内化。

能把新知识用自己的话输出，这就是善于内化。

这一点是费曼学习法的本质。如果用一句话总结费曼学习法，我想可以是：**"教"就是最好的"学"**。

有一些"学霸"经常"互教"，也就是相互讲题。这一点也是我没有想到的，因为我之前更倾向于独立完成学习。但我发现，他们真的非常喜欢探讨学习中的问题，并因此受益匪浅。

在课间、自习或空闲时间，班级里的前排、中排、后排会自动形成不同的"学习部落"。我坐在中排，可以听取前排和后排的不同讨论，意识到这点后，我还挺开心的。

讨论常从没有定论的难题开始，同学们会先说出自己的思路并给对方"挑刺"，直到找出一个双方都满意的解法为止。等公布答案的时候，同学们早已把题目剖析得很透彻了。

这样做的优点是参与讨论的人可以对题目有非常深刻的印象。能够有理有据地说服对方，想必对知识点也了然于胸了。善于内化，是我观察到的学习高手的第三个特质。

特质四：科学休息。

管理自身的注意力是一项非常重要的能力。有人可能会觉得"学霸"的所有时间都用来学习了，实际上我观察到的并不是这样。我所就读的高中是全市最好的高中，我们学校的传统是不强占同学们的体育课时间，即便到高三也是如此。

我本以为"学霸"会想方设法挤时间学习，但我错了。大家在上体育课时都会积极投入运动中，很少有跑回教室学习的。相反，爱打羽毛球的同学打羽毛球，爱打排球的同学打排球，大家都很享受体育课的时间。

后来我意识到，主动管理自己的注意力非常重要。如果连续学习 8 小时，效果只会事倍功半。但是如果能科学休息，比如，到户外吹吹风、运动一下，反而有助于学习效果的提高。"学霸"们好像自动达成了共识，在该学习时就好好学习，在该放松时就好好休息。

玩得尽兴、学得也纯粹，"科学休息"是我观察到的学习高手的第四个特质。

特质五：心态积极。

学习这件事客观上虽然辛苦，但也可以乐在其中。我观察身边的"学霸"们，都很少抱怨学习的辛苦，反而总以克服难题为乐。保持乐观向上的心境，不仅能激励自己，还能给周围人带来鼓励。

学会自己激励自己，遇到困难也不会轻易放弃。我想这种坚毅的品质，即使已经过了学生时代，在日后的人生中，也将大有益处。

2.1.3 "1% 法则"：从优秀到卓越

有很多人认为"'学霸'可以毫不费力地学会任何一项技能"，实际上，这种认知是错误的。问题出在"毫不费力"上。即使是很聪明的人，想要取得好成绩，也需要付出辛勤的努力。有时，"学霸"付出的努力甚至比他人更多。

汤姆·康奈兰在《1% 法则》一书中曾阐述过这样的观点："科学家们找不到一个天才，找不到一个有才气、不加练习就达到顶级水平的人。"

在观察身边的学习高手后，我发现越是学习成绩好的人，越是努力。学习这件事，如果方法得当，是最能够体现"付出与努力成正比""种瓜得瓜，种豆得豆"道理的。想要学习好，比起天赋，找到正确的学习方法并持续努力更加重要。

"1% 法则"是高手行动的关键。如果要诠释"1% 法则"，总共有 3 点要求。

（1）优秀和卓越的差距仅为 1%。

（2）每次进步 1%。

（3）用刻意练习保持动量。

那应该怎样开始行动，变身学习高手呢？不妨先了解一下"1%法则"是如何指导普通人通过小改变达成目标的吧。

1. 优秀和卓越的差距仅为 1%

在任何领域，优秀和卓越的差距都仅有 1%。"1%"并非凭空而来，在冬奥会速降滑雪的赛场上，第一名和第四名的差距小于 1 秒，差距甚至不到 1%。

这一点和目标感有关，高手追求的应该是卓越而不应该仅仅是优秀。大家应该都经历过"最终结果总是目标打折后情境"，想考 80 分目标就得定 100 分而不是 90 分，因为人们总倾向于高估自己的水平。高目标是成为高手的第一步。

2. 每次进步 1%

如果能累积多次做出 1% 的微小改进，其最终带来的改变是巨大的。

这一要点在于"小步前进、快速迭代"。因为每次需要改进 1%，因此改变不会太过痛苦，又因为自我升级次数能高频累积，所以成长的速度是飞快的。

3. 用刻意练习保持动量

刻意练习是学习过程中无法避免且非常重要的一环。你有没有这种感受：在一项新任务开始前，人们会拖延和焦虑，但一旦真正开始做了，这种感受就会缓解很多。

物理学中有一个概念是"动量"，一列飞速疾驰的火车，即使前面有一堵墙，它也能穿墙而过。只要行动起来，即使有困难，也会因为惯性而持续向前。

所以，我们在达成目标的过程中，最应该做的就是想方设法让自己行动起来，获得"初始动量"。还记得吗？模仿学习高手的最后两步分别是"练习改进"和"决胜超越"。在练习中改进，在改进中超越，最后就可以实现从优秀到卓越的跨越。

了解了"1% 法则"的内涵，便可以用它指导行动。

把学习目标定得高一点、不断改进学习中的不足（哪怕只有 1%）、持续性刻意练习——做到这 3 点，任何人都可以变身学习高手。

> 【本节知识点回顾】
> 1. 模仿身边的学习高手，是成为学习高手最快的方式。
> 2. 学习高手身上的 5 个优秀特质：内驱性主动、元认知强、善于内化、科学休息和心态积极。
> 3. "1% 法则"说明优秀和卓越的差距仅为 1%，把学习目标定得高一点，每次进步 1%，并用刻意练习保持前进的动量，任何人都可以变身学习高手。

2.2　快速掌握新知识的策略

如果学习新知识的过程是"从 0 到 1"，那么"从 0 到 0.1"的过程是最关键的，"从 0.1 到 0.5"的过程最需要坚持。

为什么这么说呢？因为大多数人容易犯的错误主要有两个：一是不知道自己究竟要学哪些内容；二是在初期就急切地想要看到效果。

前者会导致学习效果不好，后者会导致学习心态不好。"从 0 到 0.1"是开始阶段，需要制订学习计划迈出第一步，这会指导之后的学习行动。"从 0.1 到 0.5"是持续阶段，容易产生畏难情绪而走走停停。

本节将会介绍如何把"从 0 到 0.1"和"从 0.1 到 0.5"的过程做好。如果这个过程能顺利进行，剩下的"从 0.5 到 1"也会非常顺利。按照这样把控学习的节奏，我相信学习新知识的过程将会愉快很多。

2.2.1　以 7 天为单位制订学习计划

7 是一个很有魔力的数字。

一周有 7 天，北斗有 7 星，世界有七大洲，音乐有 7 个音阶，彩虹有 7 种颜色。曾有研究表明，普通人最多能快速记忆 7 件事物。在企业管理中，也有理论证明最高效的团队人数平均是 7 人。

在学习上，我也发现以 7 天为单位制订学习计划会更高效。原因有以下两点。

（1）很多学习任务无法在 1 天内完成。
（2）着眼于 7 天取得的阶段性成果能更好地保持学习节奏。

一些具有挑战性的学习任务是很难在 1 天内完成的。从新知识接受度和学习舒适度来说，"1 天学 8 个小时"的效果明显不如"分 5 天平均每天学 2 个小时"。

如果你有过"1 天 8 小时重复做同一件事"的经历就会发现这并不是一项轻松且愉快的任务。有经验的学习者一定都明白"学习时长不等于学习效果"。高强度的 8 小时学习对任何人来说都是挑战。

以 7 天为单位制订学习计划能很好地解决这个问题。你可以用每天效率较高的时间段学习新知识，2 小时就足够了。

那到底如何科学地制订"学习计划"呢？

从实操角度来说，我的建议是**设定"主题日"，量化学习任务并设定周关键目标**。

主题日主要分为学习主题日和休息主题日。前者还需要继续划分为微积分 / 大学英语 / 专业课等学科类似主题；后者则以休息、复习为主。

设定"主题日"特别适用于需要同时完成多项任务的情形。

比如，期末考试复习周你需要同时处理微积分、大学英语和专业课这 3 项学习任务。你可以分别设定"微积分学习日""大学英语学习日""专业课学习日"这 3 组主题，每组 2 天。剩下的 1 天时间以休息、复习为主。

在"微积分学习日",你要告诉自己:今天最重要的任务是学会微积分的第 2 章的知识点,学不下去时可以换着学习大学英语和专业课。1 天结束,最重要的是检验微积分的新知识有没有学会,对大学英语和专业课的知识点可不做要求。

换成"大学英语学习日"和"专业课学习日"也是如此。

之所以要设定"主题日",是因为太过平均的学习计划很难坚持。

不知道大家有没有在小时候设立过"坚持 1 年,每天背 5 个单词"之类的计划。事实上,任何一项计划能坚持 365 天都非常了不起。扪心自问,或许有人能做到,但我大概率做不到。

因此,有策略地集中突破才是正解。为了能集中突破,我们需要量化学习任务。

你只需知道两件事就足够了,即总任务量和预计完成时间。其中,总任务量要用具体的数字描述具体的任务。假如现在有一个背单词的学习任务,首先在制订执行计划时,我们要把"我要背完 1 本单词书"替换成"我要用 4 周时间背完 40 组单词"。

下面以背单词为例进行说明。

现在,把"坚持 1 年,每天背 5 个单词"这一计划分 3 周完成。总共要背 1825(365×5=1825)个单词,每周要背 608(1825÷3≈608)个单词,平均每天要背 87(608÷7≈87)个单词。

看到具体计算出来的数字,我们心里就有具体目标了。其实并不需要 1 年,集中突破 3 周,就可以搞定。

状态好时,可以 1 天背 80~120 个单词;状态更好时,可以 1 天背 120~150 个单词;状态不好时,可以 1 天背 50 个单词,同时复习背过的旧单词;状态极差时,可以选择不背也不复习单词,空出 1 天时间彻底休息。

经过验证,这种方法在我备考全国大学英语四、六级考试时发挥了作用。1 本 40 个单词表的单词书，我可以集中在 3~4 周内背完。

为了保证学习效果，设定周关键目标并考核完成度非常重要。

再回到刚刚背单词的例子。不管这 7 天里哪几天状态好、哪几天状态不好，7 天结束时，无论如何都要背完 609（87×7=609）个单词。

"1 周内背完 609 个单词"就是周关键目标。

考核完成度也顺理成章地变简单了，因为只有"完成了"和"没完成"之分。没完成任务，就要在下一周灵活调整，抽一两天多背些单词。如果依旧想在 3 周内完成任务，下一周结束，想方设法总共要背完：1218（87×7×2=1218）个单词。

只要能保证每周的进度，无论多么庞大的学习任务都能完成。这就是以 7 天为单位制订学习计划的魔力。

2.2.2　开始阶段，无限细化目标

心理学上，有一个"新起点效应"，讲的是在新的阶段开始时（比如，新学期、新的一年），人们会更加积极地参加能让自己变得更好的活动。

新起点效应的表现：相比周三、周四、周五，每周一会有更多的人去健身房健身；新年伊始，很多人会设定 1 年的工作目标和生活目标；新学期开学时，同学们会立志好好学习，不再偷懒。

不知道大家新学期时喜不喜欢定目标，我是很喜欢。比如，我曾经在新年开始时，立志要好好学习吉他、坚持运动、好好读书……

跟大多数人预想的故事发展情节一样，很快，就出现两个问题。

问题一：我总是想着明天、后天、大后天再开始。

问题二：不超过 3 个月，大部分目标都没有实现。

虽然目标很美好，不过实现的过程大多需要付出"辛苦和努力"，所以我经常刚刚坚持几天就放弃了。在这一点上，我真的无法标榜自己是多么自律的人。

但是，我觉得这样的自己真的一点儿也不"酷"！上学期间，我就

很钦佩那些"说到做到"的人，那些"有一种想法，就想方设法实现它"的人我认为他们日后必定大有作为！

"一定是哪里出了问题"，我跟自己说。如果不喜欢这样的自己，那就下定决心改变吧！

我审视了自己的目标和执行过程，发现了问题：我的目标很不明确，因为精力有限，实际上只会做当下最重要且紧急的事。另外，万事开头难，在拖延中我很难迈出第一步。

为此，我研究了目标管理的方法，最后找到了能迅速行动的秘诀：在开始阶段，无限细化目标。

就拿新学期目标来说，如果仅仅把目标定为"我要提升数学成绩"是不行的。严格来说，它只是一个美好愿望，没有任何行动指令。目标要以具体任务为基本单位，比如，"完成数学第 1 章知识点的预习"。

为了降低执行难度，我们还要继续拆解目标。"预习知识点"这一目标可以进行以下细化。

- 阅读数学概念。
- 默写要掌握的公式。
- 做课本例题。
- 记录疑问。

当我把目标拆解后，心理上的负担就小多了，更能迈出学习的第一步。如果你也有不擅长的学科、经常纠结该如何开始，我的建议就是在初始阶段，无限细化目标。

这样做后，不仅每个学习任务的难度降低，你也会发现万事开头难的定律并不一定总是奏效。行动力就是这样一点一点逐渐加强的。

2.2.3 刻意练习：重复！重复！再重复！

虽然"一万小时定律"饱受争议，但应该没有一个高手会认为"练习"不重要——甚至高手本身就是刻意练习的产物。

在《刻意练习》一书中，作者举证了各行各业的杰出人物都是经过大量练习才成为行业专家的事例。

- 莫扎特在六岁时就受过父亲给他设计的完美音高的独特训练，强度和时长都超乎一般人的想象。
- 外界认为美国职业篮球联赛球星雷·阿伦是天生的"三分王"，但他自己说："不要低估我每天付出的巨大努力。"
- 伦敦出租车司机拥有着令人震惊的记路能力。
- 一名普通的卡内基梅隆大学的大三学生史蒂夫，接受实验时只能记住七八个数字。但是经过两年的持续训练，史蒂夫已经可以随机记住连续的 82 个数字！

这些惊人的事例都在诉说着同一个事实：**重复练习是成为高手的必经之路**。研究还表明，**高手比新手强在更容易高效地记住有意义的事物**。

象棋高手在记忆真实棋局时约能记住全局约 20 个棋子，但是新手往往只能记住 4 个棋子。不过如果换成乱序棋局，象棋高手的表现和新手却相差不大。真实棋局有意义，而乱序棋局没有意义。

这足以说明"熟手"和"新手"在能力上并无太大差别，差别产生于重复训练积累的经验。高手并非不可企及，普通人经过训练一样可以做到。

关于如何重复练习，这里给出两种方法。

第一种方法是《刻意学习》中提到的"有目的的练习"，共有 4 个要点。

- 确定有明确意义的特定目标。
- 专注。
- 反馈。
- 走出舒适区。

由于《刻意学习》中多以案例进行讲解,这里我基于自己的理解做一些补充。

有"明确意义的特定目标"是指需要努力才能完成的、具体的、可以用数字量化检验结果的目标。比如,"我想学好数学"可能并不是一个利于执行的好目标,它可以细化为"我在做数学作业时,需要保证90分钟内完成所有题目,并确保正确率在90%以上。为此,我要看完第2章的所有例题,并尝试自己解答……"

一旦"具体"起来,你就会发现在大目标的指导下,能很顺利地拆分出很多具有行动指导意义的小目标。

关于"专注",这是指在进行练习时,需要把所有注意力放在目标上。比如,在学习的时候心里要把学习放在第一位,边看电视边学习是不可以的。很多时候,人的分心是不由自主的,会受日常接触的事物和人的影响。所以在平时,我们也要注意管理分心物。

第三点"反馈"实际上是说,得不到反馈的练习毫无意义。就像做完作业但没有答案一样,如果不知道自己的表现如何、正确与否,练习只是浪费时间。进步与否完全就看反馈机制是否建立!

最后一点"走出舒适区"是指不要重复只做自己擅长的事情。最常见的例子就是偏科,比如,因为英语好就一直学英语,对物理、化学等学科有抵触情绪。

做到以上4个要点,通常能保证"刻意练习"的效果。

第二种方法叫"间隔重复",要点在于不要一天内学完所有知识点。举个例子来说,相比于"1天内复习20次"的效果,"7天内复习10次,坚持两周"的效果要更好。"每天花5分钟记忆"的学习效果可能远好于"1天内突击记忆1小时"。

这里面的科学原理涉及睡眠对记忆的加深作用。已经有很多科学研究表明,睡眠期间神经元之间的突触、树突会受到刺激,产生联结。这种联结有助于记忆,也有助于概念的理解。

我在高中时期曾经听一个后来考上复旦大学的女孩跟我说:"好奇怪啊,我感觉一觉睡醒后,昨天理解不了的问题就自动理解了!"因为我发现自己也有这种经历，所以印象非常深刻。当时不理解其中的原理，现在才发现睡眠对学习有神奇的促进作用。当然，这说明大家都心系学习，正所谓"日有所思，夜有所梦"。但如果真的遇到很难解决的问题，还是不能全指望睡眠的促进作用，要及时找老师请教。

"有目的的练习"和"间隔重复"，对日常练习、巩固和复习非常有指导意义，可以将两者结合起来使用，之前一直不会高效复习的读者也可以试一试。

2.2.4　接受笨拙：告别完美主义学习者

> 如果你追求完美，你永远不会满足。
>
> ——列夫·托尔斯泰

本小节是专门写给完美主义者的学习建议。

读书时，我发觉自己有点儿完美主义者的倾向，是因为我意识到自己完成作业的速度总是比他人慢。一个最重要的表现就是对待学习任务永远想等一个"最佳的时机"再做。别的同学可以在课间、午休的间隙见缝插针地做几道题、完成当天作业，但我总是想"拖到"晚自习用整块的时间搞定。直接后果就是拖到很晚才能写完作业，精神不济导致第二天学习效率低下。

但更重要的是，完美主义会徒增不必要的心理压力。本来升学压力就不小，完美主义就经常纠结，一来二去，压力巨大。很多完美主义者已经意识到了"完美主义陷阱"的破坏力和杀伤力，甚至美国作家斯蒂芬·盖斯还专门写了一本名为《如何成为不完美主义者》的书。

高中时期，化学老师经常分享学习方法给我们，有一次她就专门提到了"完美主义"，大意是：高中课业时间这么紧张，要养成凡事在手边能做就做的习惯。不要一拖再拖，能做一道题是一道题，完成比完美更重要！

这让有时很难跳出来审视自己学习习惯的我被化学老师提了个醒。

如果你不确定自己在学习上是否有完美主义者倾向，可以看看自己有没有以下一些表现。

- 总担心学习上会犯错，内心充满了不安。
- 遇到有挑战性的学习任务，总是想用整块时间集中精力完成，但总是一拖再拖。
- 给自己制订了很多学习计划，一旦不能按部就班地完成，接下来的时间就会"自暴自弃"。
- 非常渴望在学习上得到老师、父母、同学的认可。
- 不愿意休息，利用体育课、课间操等本应该运动的时间看书。

如果你有以上的表现，很可能你也有一点儿完美主义者倾向。不过，只要稍微转变一点行动策略，完美主义者就能发挥自身的优势，反客为主！

第一件要做的事是调节情绪。

观念上要从"我只有100%完美地完成了这件事才能进步"变成"只要前进，就比原地踏步好"。打个比方，比如，今天本来计划要完成5个学习目标，中途因为不可控因素占用了一些学习时间，所以只能完成3个。此时，不要产生"我真没用，这一天都被我浪费了"的想法。

上中学时，我经常把"今天又玩了一小会儿，任务没完成，我真的太内疚了"之类的话挂在嘴边。每当这时，妈妈都会劝我："玩就玩了，你又不是学习机器，不要太内疚！"其实，困扰我的不是玩耍的时间，而是接下来内疚的情绪。

作为完美主义学习者，内心都是渴望取得进步的。如果把学习和生活的节奏比作一根"弹簧"，那么完美主义者的弹簧有过于绷紧而不是放松的倾向。太渴望自律，结果反而不能达到效果。这归根到底都是"二分法思维"，要么成功，要么失败，没有中间的余地。

第二件要做的事是摒弃过度理想。

什么是过度理想呢？

急于求成的学习计划都叫过度理想。

比如，在制订假期学习计划时，规定自己"早上6点起床，学习一整天，一直学到晚上10点"。这种高强度的学习，即使一两天能坚持下来，也很难持续坚持下去。如果做不到这么"理想化"，不如从自己现在的状况入手，逐步提高标准。

另外，如果现在的基础是60分，想要直接到90分有些难度，但是到70分并不难。到了70分后，再把目标定为80分、90分。如此稳步前进，才是正解。

第三件要做的事是不要怕被否定。

坦诚地讲，我是一个自尊心很强的人，只要没考好就会回家哭鼻子。但我觉得这种害怕被否定的心态最大的问题是：外界没有给予足够肯定，内心就会十分受挫，从而缺乏学习的动力。

特别是当你进入一个周围都是优秀同学的新环境，原本优秀的你很可能会被更优秀的人掩盖光芒。这种失落感在每次升学时我都深有体会。

应对这种害怕被否定的心态，我的经验是，先学会自己鼓励自己，同时尽可能鼓励他人。有人可能会说，自己鼓励自己有什么意思？我认为，自己鼓励自己才是人人都需要的一种能力。这个世界每个人都渴望"得到的多，付出的少"，如果身边能有位时不时真诚夸赞你的朋友，那真的是可遇不可求。

别说朋友、学校的老师了，就连父母有时都是"打压式教育"。我曾经收到过某位同学的私信，他告诉我他的父母经常否定他，因此他真的觉得自己就是个很差劲的人。

如果我们拥有了自己鼓励自己的能力，就相当于拥有了"动力制造机"。你可以用自己最喜欢的语句夸赞自己，也可以自己给自己设定奖励。比如，我就经常这样夸赞自己。

"你做事儿可真细致！"

"你今天又比昨天进步了一点儿！"

"今天状态不错，奖励自己玩一会儿！"

总而言之，在学习这条道路上，尽早接受自己的笨拙，告别完美主义者倾向，是提高效率的不二法门。

鲁迅说："哪里有天才？我只是把他人喝咖啡的时间都用在写作上。"

知道为什么学习高手的学习效率很高吗？因为他们从不苛求完美，而是在实际行动中寻找解决方案。

"完成比完美更重要"，与所有读者朋友共勉。

【本节知识点回顾】

1. 以7天为单位制订学习计划，每周考量学习成果，集中突破学习任务，灵活机动又不至于拉长学习战线。

2. 能迅速行动的秘诀：在开始阶段，无限细化目标。

3. 重复练习是成为高手的必经之路：刻意练习造就学习高手。

4. 告别完美主义者要做的3件事：调节情绪、摒弃过度理想和不要怕被否定。

2.3 学习仅仅是自己的事吗

"孟母三迁"的故事大家都听过，一个好的学习环境对人的影响是深远的。老师的言传身教，同学的一言一行都会影响学习者的学习方式。

即使是天才型选手，没有好的引路人，也会走很多弯路。在学习过程中，闭目塞听非良策，开放交流才是上上之选。

2.3.1 人很容易受环境影响而不自知

学习仅仅是自己的事吗？

以前我认为，学习仅仅是自己的事。比如，我可以自己看教材、做例题、完成作业，以及批改作业。学习的最小单元可以由一个人完成，那学习理应就是自己的事。

但是后来我发现，人很容易受环境影响而不自知。

有一个财富理论说，和你关系最好的 5~6 个人的财富平均值，就是你的财富水平。理由是各种社会因素如教育背景、工作环境、人脉见识等会决定你的朋友圈，因此，可以推断出大致的收入。如果换在学习上，也可以说得通。

经常会有"同一高中宿舍的 4 名同学全部考上重点大学""一个优秀班级里有一半以上的人考上知名大学"等类似的报道出现。在大学期间，这一定律又再次得到了印证，4 年后，我们大学班级里"唯二"考研上北京大学、清华大学的两个人就是舍友。

对此，我有自己的理解：**你只有先见过优秀的人，才知道如何使自己变得优秀。**

偶然一次，我在读康妮写的《如何结交比你更优秀的人》一书时，知道了一个真正"因为靠近高手，从而成为高手"的故事。

作者康妮在高中时期待人真诚、人缘好，也知道在求知的道路上，千万不能脸皮薄，所以只要有不会的地方，就会主动找班里的"学霸"请教。她并不在意他人是否认为她不聪明，只在意自己是不是真正掌握了知识。同时，班里的"学霸"都认为她是一个主动、真诚、喜欢帮助他人的女孩，故而都愿意讲题给她听。有了同学的讲解，再加上她的努力，后来在高考中取得了北京市前五名的好成绩。

书中还提到了她结交学习高手时真正的内心感受：出于吸引，心之向往。当康妮看到他人的长处时,自然而然就有想靠近、想学习的愿望。这就是"吸引力法则"。

通过以上故事,我想传达的是,**学习可以不仅仅是自己的事**。在需要独处深度思考时,一个人或许更佳。但是在相互鼓励、研究学习方法、填补认知差异上,是可以多交朋友然后共同进步的。

除了向同学学习,在学习过程中老师也扮演着非常重要的角色。这里我想专门谈一谈:如果遇到自己不喜欢的老师该怎么办。

在心智不太成熟的初中阶段,我确确实实遇到过一些不太喜欢的老师。原因各种各样,比如,布置作业多、上课拖堂、经常向家长告状等,现在看来,委实不是什么大事,老师的出发点是好的,现在回头看更多的是感恩之情。但是,青少年时期,家长的话也不怎么听,对某些老师的抵触情绪确确实实存在。

这种情绪经常导致对学科本身产生情绪,如排斥上该老师的课,故意拖延完成作业等。我当时采取的策略有以下3个。

第一,尝试把"不喜欢"变成"不讨厌"。

第二,正念训练:关注学习本身。

第三,与好朋友交流。

什么意思呢?首先,我意识到与其不喜欢老师,让自己不适,不如尝试改变这种心态。比如,我会尝试主动请教老师问题,建立一些课堂外的交流。如果做不到"喜欢",就争取先做到"不讨厌"。

其次,我虽然会有情绪,但还是能区分人和事的。我会告诉自己,关注学习本身更重要!

最后,我还会经常和好朋友交流想法,如果好朋友跟我有不一样的意见,我也很乐意从新的角度思考问题。到了高中后,这类问题已经不会再困扰我。

如果身边都是良师、益友,很难不成为一个热爱学习的人。环境的影响并非像主观观念一样能带来迅速、明显的改变,但能潜移默化地影响人们学习的心情、效率和结果。如果你期待从各方面提升自己的学习成绩,不妨主动和良师、益友多多接触,他们对你的影响将会是积极且深远的。

2.3.2　主动出击，寻找可靠的"学友"

> 与谁同行，比要去的远方更重要。
>
> ——高瓴资本创始人张磊

朋友是主动交来的。

交到一个可靠的朋友，真的是一件幸福的事情。特别是年少时期的友谊，真的会持续很久很久。比如，巴菲特和查理·芒格，从年轻时相识成为好友，到一起成为事业伙伴创立伯克希尔·哈撒韦公司，他们二人创造了无数"商业神话"。同时，他们对很多事物的看法和观念都十分相似，爱好都是读书，称为"行走的书架"都不为过。好的朋友，可以在生活的各个方面给你带来好的影响。在学习上,交到一个可靠的"学友"，也是一件很幸福的事。

优秀的同龄人不仅是冲击力最大的示范，也是能够帮助你加快解决问题的榜样。

之前我们提过"榜样"的力量是无穷的，但是，人们对"榜样"难免会有崇拜之情，所以也会产生类似"榜样太优秀了，我可能做不到这么优秀"的想法。

初中时，我的榜样是当时市里保送北京大学的新闻人物。的确，在很多时候榜样给了我学习的动力，但是，我也真切地产生过"我和榜样差距过大，只要尽力就好"之类的略微泄气的想法。

但是，当我上高中后，我深感优秀的同龄人才是给了我很多启发和激励的榜样。因为是同龄人，年龄、教育背景都是很相似的，所以当优秀的同龄人取得了很优秀的成绩时（不局限于学习方面），我的第一反应通常是：好厉害啊，我也一定要努力做到。

我印象中的几次学习成绩大幅提升都多多少少有优秀的同龄人的示

范作用。

在高二、高三时,我的座位的斜前方是一个文文静静、思维敏捷的女孩子。她的思维理性且富有逻辑,数学成绩很突出,获得过全国数学竞赛的大奖。高三时,她拿到了清华大学的保送资格(全年级只有几个),所有同学都没有异议。

至今令我印象深刻的是她在英语课堂上的反应和速记能力。我们高中的英语老师是资深教师,但同时对我们要求也很高。比如,英语老师上课经常点名同学回答问题,她每次都能稳稳地回答出来。为此,我很惊讶!因为彼时的我经常被英语老师问得头脑里一片空白。但是因为优秀的榜样就坐在前方,所以我不再产生"我做不到""这怎么可能"等想法,而是转变为"我也要想办法变得和她一样优秀"等想法。

这种思想上的巨大转变,是优秀的同龄人带给我的。

另外,真正优秀的人往往愿意帮助他人,他们的三言两语往往能令他人茅塞顿开。

每次我向这位优秀的女同学借笔记时,她总是很大方地借给我。不仅是她,班里还有很多学习成绩优异的同学,他们都愿意和其他同学交流学习方法。

所以,大胆和优秀的人为伍吧,他们会让你变得优秀,也会让你明白:交到一个"学友",是一件多么幸福的事!

2.3.3 向他人请教,别自己死磕

如果遇到不会的问题,你会怎么办?我曾经是一个和问题死磕到底的人。我一度认为,只有自己完完全全做出来的题目才是真正有含金量的。但是后来我发现,我不是在和问题死磕,而是在和自己死磕。

一遇到不会的问题卡在那里就是在消耗时间。

软件银行总裁孙正义在做事时的一句口头禅是:"思考时,不要超

过 10 秒。"对此，孙正义的解释是如果一件事思考超过 10 秒也没有想清楚，那么即使再怎么独立思考也得不出结论。

或许，我们可以参考这个理念，在学习遇到困难时，积极寻求他人的帮助。

【本节知识点回顾】

1. 学习环境的重要性：人很容易受环境影响，靠近优秀的人，就会变得更优秀。

2. 主动寻找"学友"：靠谱的"学友"不仅能做身边的榜样，还能帮助你加快解决问题的速度。

3. 遇到难题不死磕：杜绝平白无故地消耗时间，问对人、查对资料更省时、省力。

2.4 高效学习的 5 个终极原则

学习高手们通常都有哪些学习习惯？

孔子云："少成若天性，习惯如自然。"年少时养成的习惯，就会变成如天性般自然的行为。

如果仔细观察就会发现，优秀的学习习惯几乎是共性的。而且，这些习惯几乎从一开始上学就已经养成。想要提高学习效率，先从学习高手的习惯以及学习时遵循的原则入手。这些原则和习惯，坚持久了就会变成自己身体的一部分，根深蒂固地影响着学习、思考的方方面面。如果可以，我真希望自己能更早一些领悟到这些道理！

原则一：长期主义

据我观察，一直稳定发挥的学习高手都是长期主义者。

长期主义学习高手最典型的表现就是：日复一日、按部就班、雷打不动地完成学习任务。老师们通常给予这类学生的评价是：他/她一直都很优秀。

就拿我高中隔壁班的班长来说，她在我们年级里是一直稳定发挥的顶尖学习高手，高考成功考上北京大学，再后来去哈佛大学读博。从高中认识她开始，我就没发现哪一次大型考试她出现重大失误过。

但是令我佩服的是，她身上有一种与生俱来的沉稳、踏实、不骄不躁的气质，你会说她很聪明，但绝不会忽视她所付出的努力。

她从不会因为学习成绩优异而忽视老师布置的任何学习任务，也不会因为站在高处而漠视平日的小积累。

学习厉害的人莫不如此。这种看似进展缓慢的、一步一步向前的微小坚持，才是真正的成功秘诀。

水滴石穿，能让石头被滴穿的绝不是最后一滴水的威力，而是经年累月的积累。竹子破土而出前，在地底的前4年也许只能长2~3厘米，但在破土后的6周内能以每天30厘米的速度迅速长到15米。厚积薄发的力量莫不如此。

做一个学习上的长期主义者，就是选择不速成。这个"不速成"既是指信念，又是指决策。

在信念上，长期主义者的视野具有更长的时间尺度，他们不会因一两次的坏结果而影响学习自信，因为他们对成功的信念比等待的煎熬更强大。

在决策上，长期主义者会选择持续行动，而不是三天打鱼，两天晒网，他们的意志力和耐受度都远超常人。

幸运的是，我们都可以全凭自己决定是否要成为一个长期主义学习者。不速成，但有积累。厚积薄发，是长期主义最大的效力。

原则二：定投原则

选择成为一个长期主义学习者后，学习高手们还有一个能力：持续行动。

我喜欢把持续行动的这一原则称为"定投原则"。因为"定投"一词不仅意味着长期、持续，还意味着行动标配、频率固定。

举个最简单的例子，运动员在训练时，都有一套训练标准。每次训练时都要把动作做到标准线以上，这就叫"行动标配"。而运动员有固定的训练时间表，比如，每周一、周三、周五都要训练，这就叫"频率固定"。

"定投"本身是金融学的概念，意思是定期、定额投资。在我看来，学习就是一种投资，而且想要学得好，就要定期、定额投入。

如果从长期尺度来看学习高手的行为，会发现学习高手学习有以下两个特点。

第一，学习行动是标配的。

第二，学习频率是固定的。

一般来说，从小学到高中，我们一共要读12年的书。学习好的同学，可以坚持每天做到以下几点。

- 课前预习。
- 上课专心听讲。
- 保质保量完成作业。
- 课后复习。

上述4项标配行为的固定频率是每天。看似不困难的行动，但学习高手和普通人的差距就由此而来。

一天、两天上课不专心、抄作业好像没什么，但如果时间期限拉长到12年呢？

在12年中，无数次细小差别的累积会产生无比巨大的影响。

因为我全国大学英语四、六级考试听力成绩比较高，因此我收到同学发来的私信大多是有关英语学习的，而其中一个很高频的问题就是：我是零基础小白，如何提高英语听力？

我的答案可能会让很多想速成的同学失望：先学好音标。

"音标这么简单，为什么不可以直接跳过呢？你肯定还有很多秘诀没说。"我想你的心理活动大概是这样的。

其实，我在和很多同学交流后发现，有一些省份高考英语是不考听力的，所以从小学一直到高中，这些同学都没有学习过音标。

音标就相当于汉语拼音，想要练好听力，首先要知道单词的读音。虽然我一开始音标学得不好，但后来熟练后，每次看到音标就能拼出英语单词的读音，整个过程就像用汉语拼音拼汉字一样自然。

此后，从初中开始，我每天做作业查生词都会关注单词读音，如果不拼读一下，自己都觉得不自在。一直到上大学，有整整6年的时间我都经常会用到音标拼读能力，并且会对比标准发音找不同。

这6年里，我也逐渐从听不懂英语对话进阶到能应对全英的授课环境。一开始只能听懂几个单词，后来偶尔能听清一连串的词组，再后来能听懂整段对话。

要说听懂的诀窍，在我看来无非是熟悉每个单词的发音，进而连读、吞音和意群停顿都能逐渐会意。而这一切追溯到最开始，就只是因为我学会了音标，并做到了每学一个英语单词就把读音也记准确的"行动标配"。

因此，在回答"零基础小白如何提高英语听力"这一问题时，我总是建议这部分同学先学习音标，然后遇到每个生词都先拼读一遍，再听标准发音，确保下次听到时能准确识别出来。一般来说，刻意练习3个月，听力水平就能有明显的提高。

"遇到生词时，拼读单词并记住发音"是我学单词的习惯，它让我在记单词时多花费了几秒时间，但是也让我的听力水平产生了质的飞跃。毕竟到现在，我整整这样做了将近10年。

这还仅仅只是学习上的一个小细节，高手们还有更多的"定投行为"，比如：

经常写出高分作文的"文艺青年"，有每晚睡觉前阅读半小时课外书籍的习惯。

高三班上的英语尖子生，有每天抱着英语词典背生词的习惯。

精力充沛的"三好学生",有日复一日坚持运动、早睡早起的习惯。

高手并不一定是最聪明的人,但一定是能长期坚持的人。

秉承"定投原则",以固定频率完成行动,能做到这点,学习成绩一定不会差。

原则三:公开宣告

高手从不怕公开自己的目标。

高三开学的全年级誓师大会上,老师鼓励大家向全年级郑重喊话。一个向全年级宣告自己要考上南京大学的男生,原本成绩很一般,高三时成绩却大幅提高,最后考上了心仪的南京大学。

无独有偶,我们班有个男生曾在班上"大胆扬言"自己要背完英语词典,全班同学和老师都知道了他的决心。后来,老师当众抽查了他几个超纲单词,他果然回答了出来。高考时,他如愿考上了清华大学。

作为内向的人,我深知很多人不愿意让他人知道自己的目标。但是后来我发现,那些愿意把自己的目标告诉全世界的人,大多最后都会达成所愿!

其实,科学家们曾经研究过这种现象,并发现了"承诺一致性原则",即人们一旦做出了某种公开承诺,迫于外界压力,人们会倾向于让言行保持一致。

1954年,美国社会心理学家莫顿·德伊奇和哈罗德·杰拉德发表了一篇论文,对"承诺一致性原则"进行了研究。

他们邀请了101位纽约大学的学生参加实验。这些学生被分为3组,实验的内容是估算直线的长度。第1组学生被要求公开自己最初的判断,在纸上写下来并签名交给工作人员;第2组学生被要求在可擦写的书写板上公开自己的判断,但是可以趁着没人时偷偷改掉;第3组学生则不做要求,只需心里有答案即可。

实验人员会故意告诉所有参加实验的学生他们的判断有误,并观察他们是否改变判断。结果，第 1 组公开过判断的学生最不容易改变自己的判断，而第 3 组学生则最容易改变自己的判断。

这一实验说明，如果想要达成所愿，向周围人公开自己的目标反而是件好事。迫于公开承诺的压力，人们更倾向于言行一致。这样有更大的概率可以实现目标。不仅如此，在纸上写下清晰的目标也有助于督促自己兑现承诺。

所以，大胆告诉周围人你的学习目标吧！如此，即便在你想放弃时，也会有一股力量告诉你：再坚持一下，毕竟你做出过承诺。

原则四：主动输出

永远不要等到考试时再进行知识输出！

主动输出是高手的习惯，也是保持优异成绩的秘诀。高手都是在考试前就已经充分完成了输出行为。

"输出"就是把知识通过自己的表达、理解、实践等各种形式进行应用。每天写作业、背书、写作文、演讲、教同学题目以及大大小小各种考试都是"输出"。

除了写作业这种最常见的输出方式，我们日常中的主动输出方式还有以下几种。

● 主动回忆。

● 画章节思维导图。

● 与同学讨论问题。

"主动回忆"是指在脑海里完成对知识的回忆，尽量不手写，适用于需要背诵知识的场景。之所以不手写，是因为写字速度较慢，只在脑海里完成回忆效率会很高，但当回忆内容较多时，我们还可以在纸上写下关键词以便查看关键节点。

比如，在需要快速背单词时，和大多数喜欢写写画画背单词的同学不同，我的习惯是不动笔，只在脑海里完成对单词意思、读音的回忆，这可以帮助我快速过完单词表。

此外，在背诵历史、政治等学科时，把知识点全都写下来是不现实的。我发现大脑在写字时喜欢"偷懒"，在一种想法产生后，如果笔记本上还没写完，大脑就不会再继续往下运转——正所谓"写字的勤奋掩盖了思考的偷懒"。特别是历史、政治等学科，真要写可以写好几页纸。所以，我干脆不让大脑有"偷懒"的机会，在脑海里完成知识输出。

"画章节思维导图"唯一需要注意的是输出时要尽量不看书，哪怕实在记不住，也只在画之前和画之后看，这是为了加强大脑的记忆，因为边画边看容易"欺骗"大脑已经理解，从而蒙混过关。

初中、高中的学科知识都很有框架，特别是数学、物理等学科。

高中时我的数学老师经常让同学们佩服的地方在于，他常能只由一个公式展开将知识点写满一整个黑板，知识网络全部都印在了他的脑海中——颇有种"给我一个支点，就能撬动整个地球"的风范。这是我第一次领略思维导图的魅力。

后来我发现，理科学得好的同学，脑海里都是有思维导图的。随时随地拿张纸，他们都可以条理清晰地带你把超重点、重点、次重点理出来。做题时，这种优势就更明显了。有点儿难度的题目通常都是要融会贯通的，而知识脉络清晰的同学总是可以顺着脑海里的思维导图顺藤摸瓜找到解法。

考试考得多了，就会得出经验。

在学习上我遇到过比较"有趣"的经历是：如果做题时，我能顺着这道题的知识点在脑海里延展出一整章的"思维导图"，甚至能清晰地指出这道题的知识点位于思维导图的第几个分支——那这场考试我一定能拿高分！

这种神奇的感受一旦体验过，就会令人印象深刻。

反之，如果我做一道题，就仅仅只是做一道题，说不出它是哪个章节思维导图上的哪个分支——那这场考试基本要失利。

这个验证方法太神奇了，后来我就用它检验考试前自己的复习情况。我在初中、高中时学习成绩比较好，很大程度上就受益于此。

"与同学讨论问题"是另一种有助于加深知识理解的输出方式。我的高中物理老师总说：真理越辩越明。这句话我一直记到现在。课堂上，他总是喜欢找几个学生回答同一个问题。有时，不同答案的同学会当场相互辩论，甚至会带动全班同学讨论。最终不用老师公布答案，答案就已经出来了。

费曼学习法认为，教是最好的学。与同学讨论问题，我们就是在"教"他人理解自己的想法，能教会，自然就已经学会了。

我时常在与同学的讨论中发现自身想法的盲点，冒出诸如"原来你是这样想的""这一步原来还能这样解"等想法并因此大受启发。更为惊喜的是，如果和你讨论问题的人是一群高手，有时讨论出来的解法会比标准答案更简单！

把"主动输出"这一原则牢记在心里，自然就熟练了。在平时多多主动输出，到了考试时就会倍感轻松。化"被动输入"为"主动输出"，学习效率就会直线上升。

原则五：结构化思维

在解释"结构化思维"这一概念前，请看以下两组数字。

（1）第一组：587923641295461783。

（2）第二组：998877665544332211。

请问，这两组数字哪个更好记？我想大多数人的答案是第二组——数字从9倒数到1，每个数字重复两遍。**事实上，这两组数字是完全一样的！只不过排列顺序不同！**

我想这个小游戏能很好地说明人脑处理信息的原理：大脑喜欢有规律的、有意义的信息。而把各种知识处理成有规律的、有意义的信息的过程，就是"结构化信息"的过程。

想要学习更轻松，就要在结构化信息上多下功夫。而结构化信息的秘诀是：分类和编码整理。

大家都看过图书管理员整理被借阅的书籍。无论被借阅的书籍放在哪里，只要书上还有编码，就能重新被整理回原位置，方便下一个同学借阅。我们的大脑就像是一个图书馆，如果能给所有信息分类并编码整理，信息就能随时取用、随时放回原处。

在分类时，我们要遵循"不重不漏"的原则。

生物学上的"界、门、纲、目、科、属、种"就是对生物的分类，原核生物界、原生生物界、菌物界、动物界和植物界这"五界"完整构成了生物世界，而这"五界"又相互不重合。

不重不漏才能把知识点全部学完。学重了倒还好，学漏了最直接的结果就是题目做不出来。把信息不重不漏地梳理完毕，是我们结构化信息的第一步。

而信息的"编码整理"则可以依照模板进行。比如，我在背历史书时，会主动按照"时间、地点、人物、事件、政治/文化/经济意义、其他重要信息"这几项主动找信息，相当于我在脑海里建立了一个模板，看到的不再是大段的文字，而是提取后的有效信息。"编码整理"还可以用思维导图、知识管理器等工具辅助进行，这些将在后面的内容中详细展开。

【本节知识点回顾】

高效学习的5个终极原则：长期主义、定投原则、公开宣告、主动输出和结构化思维。

【本章重点回顾】

1. 模仿身边的学习高手，是成为学习高手最快的方式。

2. 学习高手身上的5个优秀特质：内驱性主动、元认知强、善于内化、科学休息和心态积极。

3. "1%法则"说明优秀和卓越的差距仅为1%，把学习目标定得高一点，每次进步1%，并用刻意练习保持前进的动量，任何人都可以变身学习高手。

4.以 7 天为单位制订学习计划，每周考量学习成果，集中突破学习任务，灵活机动又不至于太过拉长学习战线。

5.能迅速行动的秘诀：在开始阶段，无限细化目标。

6.重复练习是成为高手的必经之路：刻意练习造就学习高手。

7.告别完美主义者要做的 3 件事：调节情绪、摒弃过度理想和不要怕被否定。

8.学习环境的重要性：人很容易受环境影响，靠近优秀的人，就会变得更优秀。

9.主动寻找"学友"：靠谱的"学友"不仅能做身边的榜样，还能帮助你加快解决问题的速度。

10.遇到难题不死磕：杜绝平白无故地消耗时间，问对人、查对资料更省时、省力。

11.高效学习的 5 个终极原则：长期主义、定投原则、公开宣告、主动输出和结构化思维。

第 3 章

升级策略，多种高效的学习方法

高效学习有什么方法吗？不但有，而且还不少。

学习方法和效率的提高一直都是人们感兴趣的话题。经过时间的洗礼，有一些方法被广泛验证且深受好评，本章将介绍这些高效的学习方法。

3.1 费曼学习法

在世界公认的学习方法效率排行榜上，前几名中一定可以找到"费曼学习法"。

理查德·费曼是美国理论物理学家。费曼一生从事科学研究与教学工作，1951 年，在谢绝普林斯顿大学的任教邀请后，他加入了加州理工大学担任理论物理学教授并执教一生。1965 年，费曼获得诺贝尔物理学奖，在量子电动力学方向做出了突出贡献。

费曼的学习方法就是后来人们所称的"费曼学习法"，该方法是已经被验证过的经典学习理论。如果说在众多学习方法中，让我只选一种学习方法进行推荐，我一定选择"费曼学习法"。

3.1.1 几乎在所有有效的学习方法中，都能看到费曼学习法的影子

几乎在所有有效的学习方法中，都能看到费曼学习法的影子。

费曼认为，如果学习者向他人解释事物时不清晰，且含混不清，那就意味着学习者还没有将其理解透彻——费曼学习法因此而来。

那么，什么是费曼学习法呢？简单来说，费曼学习法就是——你刚刚学会了一个新知识，然后尝试讲给一个 12 岁的孩子听。如果对方能完全听懂，那么意味着你确实已经掌握了这个知识。如果对方听不懂，那么意味着你也没有完全理解。

你或许已经听过以下的描述，它们都是对费曼学习法很好的诠释。

"用'输出'倒逼'输入'。"

"教是最好的学。"

"如果不能简单清晰地解释一件事，就是你还没有弄懂它。"

是的，只要能教会他人，就意味着你已经学会了。评判标准就是这么简单。

如果要更体系化地描述"费曼学习法"，可以简单总结为以下 4 点。

1. 确定目标

确定你要学习的学科和章节，最好以问题为导向。

2. 初步学习

初步学习有关该问题的相关概念、解释、例题、变式、联想、应用等，尽可能全面、透彻地理解问题。

3. 尝试解释

尝试向他人解释，直到对方听懂为止。

如果对方听不懂，则意味着你要返工学习。"他人"也不一定是 12 岁的孩子，也可以是家人、同学。实在找不到人时，想象向"另一个自己"解释也是不错的选择。

4. 反思提炼

回顾自己解释的全过程，反思能否更精练、清晰地解释。

费曼学习法之所以有效，是因为人脑天生对"输入"迟钝，对"输出"敏感，尤其是对"输出不了"的东西敏感。我想不出有什么知识是无法用费曼学习法学习的，它几乎可以运用到所有领域的学科学习中。

上学时我就发现，令我印象最深刻的永远是考试中不会的问题。至今我已经记不清楚中学时考得最好的英语考试是哪一场。但是，我永远清楚地记得自己考得最差的英语测验是初一的音标考试，因为我只考了40分。

有一种解释是，人在遇到不会的问题时会产生紧张、害怕等情绪，而一旦记忆和情绪相结合，这种记忆便会尤为深刻。我想大多数人都有我这种情况：考完试，对卷子上不会的题目"惦念""牵挂"远远高于其他题目，尤其是在它上面还花了不少时间的情况下。

这时，再回到"费曼学习法"上来，我们在给他人讲题时，实际上就是在经历"考试"。你的大脑会自动进入紧张模式，因为对方随时可能会向你提问。大脑飞速运转，你疯狂地指挥大脑调取着有关这个问题的所有信息。假设对方给了你一个质疑的眼神，你可能会有点儿慌张，但同时也刺激着你加深思考，你会更想把问题彻底弄明白。

为什么几乎所有有效的学习方法，都能看到费曼学习法的影子呢？

这是因为有效的学习方法，一定都少不了"测验"环节。

不管是自测还是他测，正确输出是检验是否学会的唯一标准。

只有能默写出来的英语单词，才算是真正记住了的单词；只有能做出来的数学题，才算是真正掌握了的数学题；只有能写出来的作文故事，才算是真正印在了大脑中的素材。

大大小小的考试，其本质都是"输出"，而费曼学习法正是把输出这一环节融入学习中，因此行之有效。

所以，学会了费曼学习法，你就拥有了一件超厉害的"法宝"：随时随地，你都可以清楚地评估自己是否真正彻底掌握了某个知识点。

3.1.2　用"输出"倒逼"输入"

用"输出"倒逼"输入"，在我看来，这是一句很酷的话。

第一，它酷在以结果为导向；第二，它酷在可以节省时间和精力；第三，它酷在可以让我心情愉悦地学习。

当学生，最头疼的就是考试，只要考试考得好，有99%的概率生活就会比较开心。

前面说过，考试就是"输出"。如果我能用费曼学习法做到**"精准输入"**，那岂不是既能把考试考好，又能节省时间和精力，并且在学习时还能心情愉悦？一想到学习的都是有用的知识，我就觉得付出的努力很值得。

所以接下来，我们就来讲讲**如何做到精准输入**。

- **考什么，学什么**

虽然这样说可能有点儿功利，毕竟真正的学习者应当对未知始终保持好奇。但是，能把重要的升学考试考好，对大多数人来说才是最贴近现实的目标。

应对任何考试，我们都需要先知道考试考什么。

获取信息也不难，一是看考试大纲；二是认真听老师上课讲的知识点。

比如，在中考、高考的最后复习阶段，老师都会带着我们看考试大纲，倒推、检查是否有遗漏的知识点。同时，老师是最熟悉考点的人，把老师的话听进去通常会事半功倍。

- **不会什么，学什么**

要着重学习自己不会的知识。把不会的知识都学会了，我们还有什么学不会的呢？

高二在学习化学中的晶体结构一课时，大部分同学都觉得比较难，我也心安理得地随大流没有弄懂。结果，老师在课堂上进行了突击测验，我的测验结果在意料之中，并不好。化学老师就在测验卷上给我写着：温故而知新，是古训。

化学老师为人一向亲切，批评人也总是用温柔委婉的话语，所以我感到特别羞愧，暗暗下定决心要把知识点都学会。

于是，当天放学我就去买了化学教辅书，花了一周的时间把这一章的知识点、习题全都弄懂了，结果这一章反而成了我学得最好的化学章节。

其实真正下定决心搞懂不会的知识，还真没有想象中的难！大部分的难都是我们"臆想"出来的障碍。不会的知识，如果一直拖，最后到考场上不出意外也是不会。

不会什么，学什么，这样带着目标学习，很快就能看到效果。

- 要输出什么，学什么

其实仔细想想，大多数的学习任务和考试不就是变相的输出吗？下面4种输出方式，就是我们学习时会遇到的情况。

第一，写作文。

写作文就是输出头脑里的素材、观点，要是没有储备，写作文一定是件很头疼的事。

第二，英语口语。

初中、高中的英语考试，以及雅思、托福考试，一般都有口语测验。根据情境灵活做出应答，是英语学习成果的口头输出。

第三，小组汇报。

上台进行小组汇报是把小组成果向老师和全班同学输出，不仅考验小组同学间的合作能力，更考验汇报者的临场表现能力。

第四，写作业。

虽然写作业不像考试一样严格闭卷，但作业是笔头上的输出，占据着学习生涯的大部分时间。

除此之外，还有考试、竞赛、辩论、解答同学问题等输出形式，这里不再一一列举。

我想说的是：**如果想学习成绩好，最好能识别并重视每一次输出的机会。**

因为每一次输出都是在检验你的输入是否到位。80%的学生都把"反反复复、照本宣科地重读教科书上的文字"作为首要学习策略，而真正有效的学习则是把"有效输出"摆在首位。

用"输出"倒逼"输入"——记住这句话，然后成为很酷的费曼学习法践行者吧！

> 【本节知识点回顾】
>
> 1. 费曼学习法的本质。
>
> （1）用"输出"倒逼"输入"。
>
> （2）教是最好的学。
>
> 2. 实践费曼学习法的4点：确定目标、初步学习、尝试解释和反思提炼。
>
> 3. 不管是自测还是他测，正确输出是检验是否学会的唯一标准。

3.2 时间块学习法

"时间块学习法"是我从一个TED演讲里学会的方法。演讲者斯蒂芬·杜尼尔从每门功课都拿C或C–转变为每门功课都拿A或A+。只用了一个方法：化整为零。

由此诞生的"时间块学习法"值得我们研究和学习，因为它或许能帮助你解决如何进步，如何应对有挑战的学习任务，如何实现远大目标等问题。

3.2.1 一个 TED 演讲的启示：如何实现你的远大目标

高中时，英语老师常常会在课间给我们放 TED 演讲做"背景音乐"。一是调节课间气氛；二是培养英语语感，接触最地道的英语表达；三是让我们拓宽视野。

在诸多演讲视频中，我印象最深刻的一个是主题为"如何实现你的远大目标"的 TED 演讲，演讲者为斯蒂芬·杜尼尔。

杜尼尔的经历很传奇，对我的帮助很大，时隔多年我还是会时不时再听这个演讲。

从小到大，杜尼尔的考试成绩都是 C 或 C-。一直到高中毕业，杜尼尔的学习成绩都毫无起色，老师给他的评语从来都是："如果能更静心专注学习就好了。"可实际上，并非杜尼尔不想，而是他怎么都做不到"专注学习"。

到了大三那一年，杜尼尔产生了"一定要下决心改变"的想法。于是，他不再期待自己能够突然开窍、拥有长时间专注的能力。相反，他接受了自己只能专注 5~10 分钟的假定，并根据这个假定采取了积极行动。

他的积极行动原则很简单：不管是什么学习目标，都把它拆分为自己能完成的目标。

比如，如果他要阅读 5 章的书籍，他不会把这 5 章视为 5 章，因为他无法专注那么长的时间。他的目标仅仅只是"5~10 分钟内能完成的学习任务量"而已。因此，这些小目标通常只是"学完 3~4 个段落"，我们暂且称为"任务块"。

每当杜尼尔完成一个"任务块"后,他就会去做点儿别的,如打篮球、画画或玩电子游戏。几分钟后,杜尼尔再继续回来学习 5~10 分钟,学完后再分心做点儿别的。就这样循环往复,直到学习任务完成。

结果,神奇的事情发生了——他竟然开始看得进去书了!

虽然专注时间不长,但这些 5~10 分钟的任务块开始让他能分多次把任务完成。在证明这一方法行之有效后,杜尼尔的学习成绩取得了质的飞跃,不仅从全 C 学生变成了全 A 学生,还屡次荣获奖学金,登上院长嘉许名单和校长光荣榜。

用同样的方法,杜尼尔以优秀的成绩完成了他的金融硕士学位。之后,他成功踏入金融圈,并从金融衍生品交易员一路晋升为某银行货币期权交易的全球主管,后来又成为对冲基金经理,在 12 年内获得了令人瞩目的顶级投资回报率。

不仅如此,在除了学习、工作的业余生活方面,杜尼尔也取得了惊人的成就,那就是用化整为零的方法,成功学会了说德语、开飞机、攀岩并减肥 11.34 千克。

另外,他还是棉纱炸弹吉尼斯世界纪录的保持者——这是一个给公共建筑物织外衣的挑战。用他自己的话说,就是"在两年多的时间里,一次织一针,最后终于织出了超过 50 万针、121.80 平方米、27.22 千克的棉纱"。

多么惊人的成就,而在这些成就的背后,其实只是一个简单到不能再简单的原理:**每次完成 5~10 分钟的小任务,长期坚持下去,直到任务完成。**

用一个成语总结,那就是:水滴石穿。

3.2.2　再大的学习目标,也不过是多个"5 分钟任务块"的堆叠

杜尼尔的经历告诉我们:再大的学习目标,也不过是多个"5 分钟

任务块"的堆叠。

而如果将这一简单的原理实践到极致，不仅仅是学习，还有很多看上去遥不可及的远大目标都可以顺利完成。

大道至简。有时成功的秘诀并不像人们想象得那么复杂，真正产生区别的是执行和坚持。

再回到学习上来，杜尼尔的学习策略可以称为"时间块学习法"。

● 时间块学习法的含义

把完整的学习任务拆解成很多"用5分钟就能完成的学习任务块"，每次只完成一个，分多次完成。

这里的"5分钟"是个虚指，并不是固定的时长。确定时间颗粒度的核心在于自己能够感觉毫不费力地完成。具体来说，实践时间块学习法可以分为3个步骤。

（1）确定要达成的学习目标。
（2）确定"专注时间块"和"最小任务块"。
（3）执行、修正、休息、再执行、再修正、再休息。

举个例子，如果你想读完一本考试教材书，那么你的学习目标就是"学完教材"。这本教材可能很厚，所以你不可能一次性读完。这时，你发现自己每次最长能专注的时间是25分钟，一旦超过这个时间，很可能就会彻底放弃。所以，你的"专注时间块"的时长就是25分钟。而根据"专注时间块"，再倒推每次学习的任务量，估算出是"一页教材加两道题目"的任务量，你的"最小任务块"就确定了。

每次学习时，只要完成了"最小任务块"的学习量，就可以做点别的事情放松一下。剩下的就是让自己一直保持学习的节奏，直到达成目标。

结合杜尼尔的经历，上述的方法很好理解。不管是专注时间，还是学习任务，一切都可以拆分。拆分、执行，取得进步便只是时间问题。

可能有同学会问，如果自己的学习节奏很慢，但考试的日期迫在眉睫怎么办？这个问题杜尼尔并没有提到，但是我或许可以尝试给出解答，那就是：全力学好基础。

大学时，一个经常代表学院参加乒乓球比赛的同学跟我分享，他刚参加训练时，有大半年教练都只让他练习"挥拍"的动作。教练只是让他反反复复练习，而没有教他比赛场上的"战术"。一开始他虽然觉得这很枯燥，但还是照做了。结果半年后，他的乒乓球技术真的有很大的提高。

后来他在复盘时，才悟出其中的道理：虽然教练让他练的是基本功，但是发球的力道、方向，以及反应的灵活程度都是在一次次的挥拍练习中提高的。

上学时，我经常听教学 20 多年的老师在同学耳边念叨："基础的重要性怎么强调都不为过。"甚至在高二分班进入理科实验班后，我发现数学老师强调更多的也是基础。

很多人都认为高手学习好，肯定是有什么独家的秘诀，甚至以为只要知道了秘诀就能瞬间开窍，快速提高学习成绩——后来发现，这是对高手最大的误解！

就我的经历和观察来看，学习高手往往是最能透彻地理解基础知识的人，所以牢牢抓住基础是最优选择。基础是基石，也是框架，基础知识扎实的人，考试成绩一定不会差！

请记住：**再大的学习目标，也不过是多个"5 分钟任务块"的堆叠。真正提升成绩的秘诀：重视基础！再重视！**

3.2.3 成功的关键：循环修正决策正确率

在杜尼尔的 TED 演讲中，其实还有除"时间块学习法"之外的一个重要法则，那就是：做出微小改变，并提升**决策正确率**。

这或许是一些同学能在高三进步飞快的原因。

杜尼尔的理论基础是，我们每个人的一生中可能要做出大大小小很多个决定，很多决策是无意识或潜意识做出的，比如，口渴了要喝水，即使大脑没有意识到这需要做出"喝水，还是不喝水"的决策，但是如果身边有水杯，行动上就会直接做出决策：喝一杯水。

这样的小决定可能在人生中有无数个，我们平常也不会刻意留意。

如果在人生重要事情的决策上，我们每次能改进一点点——不需要多，只需很微小的改变，以提升决策正确率，那么我们能取得的成就也许大不相同。

典型的例子是世界著名网球运动员德约科维奇，在他的网球职业运动生涯中，曾获得多次大满贯冠军，获得的单打冠军超过80次。伴随职业运动生涯的辉煌，他获得的总奖金已超过1亿美元。

那么，德约科维奇单次挥拍的准确率对应提高了多少呢？如表3.1所示，单从百分比上来看，单次挥拍的准确率仅仅是从49%提升到了55%，增长了6个百分点。正是这6%的进步却使他的比赛获胜率从49%提高到了90%！

表3.1 微小进步带来的巨大影响

年份	2004—2005	2006—2010	2011—2016
排名	100+	3	1
奖金	$0.3m	$5m	$14m
比赛获胜率	49%	79%	90%
击球准确率	49%	52%	55%

这一改变是惊人的，击球准确率的微小提高直接使德约科维奇成为世界顶级选手。

德约科维奇的事例说明：**无数次正确的微小改进，最终带来的积极**

影响可能是惊人的!

斯蒂芬·杜尼尔把这种正确的微小改进，称为"决策正确率"。决策正确率高的人，在选择的十字路口大多能做出正确的决策，所以，最终的结果也不会差。

举个例子，比如一个人如果产生了想减肥的念头，那就必须在很多个想要懈怠的瞬间做出正确的抉择：

在想要打开薯片包装的封口、拧开碳酸饮料的瓶盖时，迅速扔掉手里的食品。

在想要躺在沙发上刷手机时，迅速穿上跑鞋出门。

在想要熬夜打游戏时，迅速决定把计算机关掉、熄灯睡觉。

而每一次的正确决策，累积起来就会产生难以想象的能力。就拿想吃零食来说，如果真的可以做到穿上跑鞋走出门，跑出第一步，就会有第二步、第三步、第四步……直至最终跑完全程。

这也是"时间块学习法"第三步里有"修正"这一环节的原因。每一个小循环结束，都要力求总结出能改进的行为。

有句俗话说：**日拱一卒，功不唐捐**。每日一点点进步，最终都会有所成就。一点点修正自己的决策正确率，在学习上日拱一卒，慢慢进步，最终就有可能实现逆袭。

"大成皆始于微末" 是我听过的最有力量的话之一。

【本节知识点回顾】

1. 时间块学习法的本质：化整为零。

2. 如何实践时间块学习法：每次完成 5~10 分钟的小任务，并坚持下去，直到任务完成。

3. 重视微小习惯的力量，提高决策正确率。

3.3 间隔重复学习法

　　间隔重复学习法是建立在认知心理学间隔效应基础上的一种学习方法，这种方法强调间隔且持续地学习，而不是一次性学完。

　　在康奈尔大学官方学习网站上，间隔重复学习法被列在推荐阅读的学习策略的首位，这也印证了"间隔重复"对学习的促进作用。

3.3.1 间隔输入：一次性学完与分多次学完的对比

　　先来做个测试，如果让你在一周内学完有些难度的新知识（一天的任务量），你会选择一次性学完还是分多次学完呢？

　　也许你会认为这个问题有些莫名其妙——反正都是学完，一次性学完和分多次学完有什么差别吗？

　　事实上，这两种方式还真有差别，并且差别还不小！研究表明，**分多次学完比一次性学完的学习效果更好！**

　　最典型的分多次学完的例子是美国西北大学的音乐教授汉斯·詹森指导学生学习大提琴的案例。

　　汉斯·詹森教授曾经指导过不少学生学习大提琴，有一次，他指导了一名非音乐学院的医学院学生。因为时间有限，这名学生每日只愿意花 2 分钟练习大提琴。虽然每天 2 分钟是非常少的时间，但汉斯教授和这名学生一直有条不紊地进行着这项计划。

　　他们把完整的乐曲拆成了很多小部分，每天的 2 分钟时间就全神贯注学习当天的乐曲任务。就这样，在一个半月的时间内，这名学生竟然完整地学会了一首难度颇高的练习曲！

　　这大大出乎人们的意料，足以说明"分多次学完"一门新的复杂的学科并非不可能。

　　那么，如果一次性学完又会怎样呢？

在另外一个实验中，曾经有研究者把学生分为两组进行词汇测试。第一组学生被要求在一天内学完所有词汇，第二组学生则是分两天学习。随后，研究者会对学生们进行两次测验，分别在学完后的第 1 天、第 2 天进行，且第 2 次测验并不会提前告知学生。

这个实验的结果如何呢？

第 1 次测验：两组学生的成绩几乎没有差别。

第 2 次测验：第二组学生的成绩相对更高。

这足以说明，分多次学完的学生记忆效果更持久，而一次性学完的学生却忘得很快。

这就好像和熬夜突击考试一样，虽然有效果，但很容易在考试过后就忘掉。

实际上，"分多次学完"正是本书接下来要探讨的间隔重复学习法，这是一种长期的、可持续的且效果颇佳的学习方法。究竟为什么间隔重复能发挥作用呢？接下来，我们就一探究竟。

3.3.2　间隔效应的科学原理

其实，前人早就对这种现象有所研究，在认知心理学上，它被称为"间隔效应"。

> ● 间隔效应
> 当学习事件在时间上间隔开时，长期记忆能够得到增强。

通过间隔效应，从短期来看，也许突击学习有用，但从效果上来看，学得快忘得也快；而从长期来看，间隔重复能记得更牢。这背后有什么科学原理呢？目前来说，有 4 种主流的科学理论可以解释间隔效应。

1. 练习不足理论

练习不足理论认为，相比于分多次学完新知识，一次性学完可能会导致练习不足现象的发生。就像多次练习投篮会产生肌肉记忆一样，多次在脑海里提到相关概念也会加强学习效果。

比如，在背英语单词时，即使是分两天学习不同的新单词，很可能在这一过程中我们也在重复使用已经学过的音标、词根、词缀等知识。在这种重复的刺激下，大脑会加深联系，从而对长期记忆有所帮助。

2. 译码多样理论

译码多样理论认为，同一信息的不同的线索、表述、呈现方式等会促进理解、加深记忆。

该理论认为，当两条信息同时输入大脑时，大脑会倾向于把两条信息"合起来"处理，这一过程叫作"编译"。而分开输入时，大脑会倾向于"独立"编译两条信息。独立编译时，即使信息一样，大脑也可能会融合新的信息进来，即大脑处理信息的路径会不同。

比如，同一个英语单词 lunch（午饭），在早上学习时可能会和 breakfast（早餐）建立联系。如果换成晚上学习，就可能和 dinner（晚餐）建立联系。

用一句颇有哲理的话来说，即"人不能两次踏进同一条河流"。当天学的知识最有可能和当天接收到的信息产生连接。如果丰富了信息输入形式，自然也会建立更多记忆连接。

大脑在接收多种多样的信息后，更能深刻理解知识的本质，因此有助于促进学习效果。

3. 睡眠巩固理论

睡眠巩固理论认为，睡眠也是学习的一部分，同时，睡眠有助于加深记忆。

已经有神经科学相关的研究表明，大脑的海马体会在人们停止输入信息后自动整理信息，而这一过程可能是无意识的。睡眠时，大脑就在探索把零碎的知识点建立联系，这也是人们会做梦的原因。

睡一觉起来后，大脑完成了信息整理，学习效果自然更好。

4. 学习阶段检索理论

学习阶段检索理论认为，每调取一次旧信息，总有新信息会加入，从而强化记忆连接。

注意，这里的"新"强调的是针对旧信息延伸出来的"新记忆连接"，而不一定是新知识。举个例子，很可能你很早就知道了"心理学""经济学"这两个独立学科的知识，但是在学习"组织行为学"的知识时，你才把两个独立学科的知识相融合。

再举一个例子，在学习物理定律时，往往同一个公式有不同的表达。比如，向心力的公式就有以下 3 种形式。

$$F = \frac{mv^2}{r}$$

$$F = mr\omega^2$$

$$F = \frac{mr4\pi^2}{T^2}$$

当接触到不同的向心力表达公式时，我们自然而然地就会想：这个公式是怎么推导出来的？然后，大脑就会进行检索，调取角速度、线速度的公式，即

$$v = \frac{2\pi r}{T}$$

$$\omega = \frac{2\pi}{T}$$

在调取信息中，我们又加强了对角速度、线速度的理解。所以，不断调取存储在脑海里的旧知识，就是在巩固以往所学。

目前，究竟哪一种理论起到决定性作用，科学界仍没有定论。但这并不妨碍我们利用"间隔效应"探索学习方法，因为科学实验已经多次验证了"间隔效应"对增强知识点的长期记忆是有显著效果的。

3.3.3　如何用好间隔重复学习法

> ● **间隔重复学习法的含义**
>
> 在一定时间内，分多次学完知识点，以一定的频率间隔开学习任务，完成输入（学习知识点）和输出（复习知识点）的过程。

知道了"间隔效应"的神奇效果，应用在学习上，就有了间隔重复学习法。

囫囵吞枣的临时抱佛脚是间隔重复学习法的反面教材。考前临时抱佛脚就是"突击式学习"。而间隔重复则不然，不论是输入还是输出，都是有条不紊地、以固定频率地按计划执行。可以是每天学新知识、每天复习，也可以是间隔几天再继续学习。

那么该怎么应用"间隔重复学习法"呢？简单来说，可以拆分为"间隔输入"和"间隔重复"两个阶段实践。

● **阶段一：间隔输入**

即使面对很难的学习任务，我们也有办法可以破解——**把任务拆解，然后多次学习。**

这听起来真的很美好，原本很难的知识点就在日积月累的学习过程中被攻克了。这完全有可能，重要的是对待学习要有足够的耐心和持之以恒的毅力。

当然，间隔效应也提示我们要尽量去除一些学习上的不良习惯。

（1）想要提升学习成绩，就不要总熬夜突击、临时抱佛脚。

（2）尽量选择每天学习，而不是一次性学完就放在一边。

（3）追求记忆的持久性，而不是一味地追求记忆速度。

● **阶段二：间隔重复**

提到间隔重复，就不得不提"艾宾浩斯遗忘曲线"，如图3.1所示。

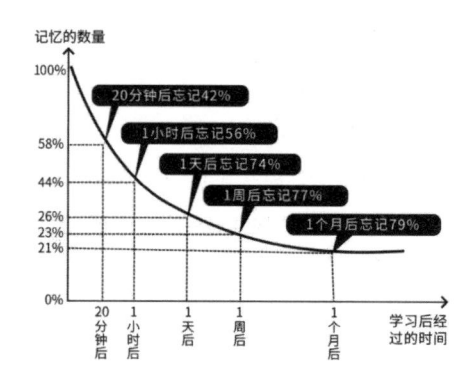

图 3.1　艾宾浩斯遗忘曲线

根据艾宾浩斯遗忘曲线可以看出，哪怕第一天掌握了 100% 的知识，可到了第二天最多只能记住 26% 的知识。

而间隔重复的做法就是在学习新知识后的第二天、第三天……第七天内都不断复习（图 3.2）。重点在于重复的频率，而不是重复的时长。哪怕只有 5 分钟的回忆时间，也能大幅提升记忆的效果。

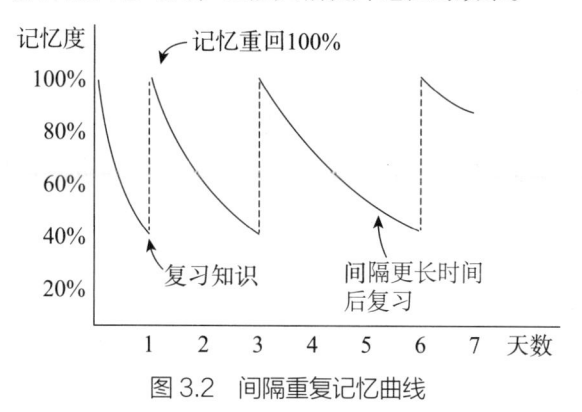

图 3.2　间隔重复记忆曲线

实践"间隔重复学习法"时，可以用 Excel 表格制订复习计划。下面，以高中化学"化合物"一章的知识点举例说明。

如表 3.2 所示，打开 Excel，可以在表格的最左边一栏把本章的知识点全部列出来。在接下来一周的每一天里，都要回顾知识点。

表 3.2　间隔重复复习表

知识点清单	第一天	第二天	第三天	第四天	第五天
酸性氧化物	酸性氧化物	酸性氧化物			酸性氧化物
碱性氧化物	碱性氧化物	碱性氧化物	碱性氧化物		碱性氧化物
金属氧化物	金属氧化物	金属氧化物	金属氧化物	金属氧化物	金属氧化物
强酸	强酸	强酸			强酸
弱酸	弱酸	弱酸			弱酸
强碱	强碱	强碱	强碱		强碱
弱碱	弱碱	弱碱	弱碱	弱碱	弱碱
正盐	正盐	正盐	正盐	正盐	正盐
酸式盐	酸式盐	酸式盐			酸式盐
碱式盐	碱式盐	碱式盐			碱式盐
复盐	复盐	复盐	复盐	复盐	复盐

第一天，对照知识点清单依次回忆、不要遗漏。如果该知识点能顺利回忆出 80% 以上，我们就用浅灰色标出。如果不达标，则不做处理。

第二天，继续依次回忆每一个知识点。如果某知识点已经能掌握 95%，就用深灰色标出，同时暂时用线划掉，次日可以不复习。如果前一天没有掌握的知识点能理解到 80%，就用浅灰色标出。

第三天，留在表格中的知识点已经比最开始少一些了。此时，集中攻克浅灰和白色格子里的知识点。

第四天，所有知识点都被"消灭"了，这意味着第一阶段的间隔复习完成。

第五天，可以按照上述步骤，开始第二轮的间隔重复复习计划。

以上为举例说明性内容。在具体实践时，"间隔重复复习计划"每一阶段的持续时间以及进行复习的轮数都可根据自己的学习状况而定。

总之，在了解了"间隔效应"后，那些老生常谈的话就显得非常重要了："每天进步一点点""好好学习，天天向上""冰冻三尺，非一日之寒"等。

功夫在平时——学习高手成功的背后是每天认认真真的努力。**在学习这件事上,"积少成多"与"化整为零"的力量一样巨大!**

> 【本节知识点回顾】
> 1. 间隔重复学习法:在一段时间内,分多次、间隔输入知识点并定期复习。
> 2. 间隔效应的 4 种主流的科学理论解释:练习不足理论、译码多样理论、睡眠巩固理论、学习阶段检索理论。
> 3. 如何用好间隔重复学习法?分为两个步骤:间隔输入和间隔重复。

3.4 5why 学习法

为什么感觉自己懂了,但真正应用时还是不会?如何弄清楚自己究竟是哪里不明白?

如果你也有这样的困惑,5why 学习法可以帮你告别错误的学习模式。5why 学习法适用于深度学习的场景,适合从根源弄懂问题。

学习时,如果总有似懂非懂的感觉,那么不妨用连问"5 次为什么",或许在一问一答的过程中,你会有"拨开云雾见天日,守得云开见月明"的感觉。刨根问底、追寻本质,会提问也是学习的学问。

3.4.1 拒绝似懂非懂,用 5why 学习法探寻本质

5why 学习法是 5why 分析法的延伸,后者是一种分析问题的方法,最初由日本丰田公司提出。5why 分析法用一句话就可以概括:**遇到不懂的问题,连续问"5 次为什么",就能找出本质原因。**

连问 5 次为什么的 5why 分析法也广泛应用于企业管理中。比如，全球最大的互联网线上零售商亚马逊，杰夫·贝佐斯就曾用这种方法探究过一个员工受伤的根本原因是工厂车间没有在合适的地方为员工提供便携式桌子，而不仅仅是表面的手指被传送带夹住。

5why 分析法最简单的应用共有以下 3 个步骤。

第一，确定问题。

第二，连续追问 5 个为什么。

第三，探寻本质，采取行动。

这里的数字"5"其实是个虚数，如果 5 个问题还不够，可以再连续追问，比如，7 个问题、10 个问题等，直到找到真正的原因为止。这里，我们举一个丰田公司的经典案例。

【5why 分析法案例】

第一，确定问题：工厂车间的机器人停止工作了。

第二，连续追问 5 个为什么。

1. 为什么机器人停止工作了？

因为电路过载，导致保险丝熔断了。

2. 为什么电路会过载？

因为轴承上的润滑剂不够，所以轴承卡住了。

3. 为什么轴承上的润滑剂会不够？

因为机器人上的油泵没有足够多的油。

4. 为什么机器人上的油泵没有足够多的油？

因为油泵的入口处被金属切片堵住了。

5. 为什么油泵的入口处会被金属切片堵住？

因为油泵没有过滤器。

第三，探寻本质，采取行动：给油泵安装过滤器。

5why 分析法的分析过程很像俗话说的"**打破砂锅问到底**"。如果换成学习场景，在学习上遇到似懂非懂的问题，也可以用它来自测。

比如，我们可以这样分析一道数学错题。

第一，确定问题：数学第 5 章有关圆的知识练习题做错了。
第二，连续追问 5 个为什么。
1. 为什么没有算出圆心角度数？
因为没有算出圆周角度数，圆心角度数应该是圆周角度数的两倍。
2. 为什么没有算出圆周角度数？
因为忽视画辅助线。
3. 为什么没有想到这样画辅助线？
因为之前没有见过这样的辅助线画法，第一次接触不了解。
4. 为什么之前没有见过这样的辅助线画法？
因为没有好好做教材的变式题，变式题里曾经出现过类似的解法。
5. 为什么没有好好做教材的变式题？
因为认为教材上的知识点都很基础，没有新的知识点了。
第三，探寻本质，采取行动：对教材的理解不透彻，不重视基础，重新把数学教材中的例题及变式题完整地做一遍。

就这样，用 5why 学习法不仅可以找出题目没有做对的原因，也可以反思自己学习过程中的遗漏点。如果感觉对错题还一知半解，可以尝试着不断追问自己的问题出在哪儿。也许用不了 5 个为什么，你就能发现问题所在。

3.4.2 学习时应该问哪些问题

了解了 5why 学习法的步骤，在探寻问题的根源时，我们可以从哪几个方面审视自己的问题呢？老规矩，我们还是按照费曼学习法的框架，从"输入""内化"和"输出"3 个方面梳理问题。

这些问题或许和具体的 5why 有点儿出入，但可以作为审视学习过程的角度，防止出现学习者自己意识不到的盲区。

1. 输入

（1）本章节的完整知识点有多少个？
（2）这些知识点我都完整、无遗漏地理解了吗？
（3）如何用知识框架把它们联系起来？
（4）这些知识点中，最重要的概念是什么？
（5）还有没有比刚才的回答更重要的概念？
（6）我接收这些新知识点一共用了多长时间？

2. 内化

（1）我能不能用自己的话简单地解释清楚这个问题？
（2）我大概要做完哪些题，应对作业和考试才能感觉得心应手？
（3）提到某个知识点，我的第一反应是什么？
（4）例题、变式题是如何应用刚刚学的概念的？
（5）如果我是出题老师，我最应该考查学生对哪几个知识点的掌握？
（6）想牢记95%以上的知识点，我需要怎样复习？

3. 输出

（1）隔了一段时间，我还能记住的知识点有哪些？
（2）哪些重要的知识点被我遗忘了？
（3）每一章节，最常考到的知识点有哪些？
（4）哪些知识点是与以前的章节有关联的？

（5）还有哪些问题我害怕碰到？

（6）我每次都会做对/做错的题目有什么特征？

以上的问题仅仅只是抛砖引玉，如果养成了时不时探究问题本质的习惯，不需要外界发问，学习者自身就会主动问自己这些问题。

其实，5why 学习法不仅能用于探究本质，也能帮助我们养成提问的习惯。研究生时期我曾经和来自丹麦、匈牙利、加拿大等国家的同学一起上课，给我带来最大的感受是：他们太爱提问了，也不害怕在课堂上展示自己。如果是外籍教授主讲的科目，上课提问和参与讨论在最后成绩的评定中甚至能占 40%~50%。

我听说犹太人教育孩子的方式，其中一个要点就是强调孩子的好奇心和提问能力。比如，在犹太传统中，没有好奇心、不知提问的孩子甚至比调皮捣蛋的孩子还令父母头疼。"作为一名犹太人就是要不断地问问题"——很多犹太父母都会这样告诉自己的孩子。

在以色列的小学中，老师就已经会用"问题导向法"进行教学了，比如抛出"如果在沙漠中缺水，应该怎样寻找水源"等之类的问题。

所以，不要害怕提问！

哪怕你并不习惯、并不喜欢提问，哪怕这个问题你已经想得很明白，哪怕有很多问题在你看来没有必要关注，也尽量多问几个为什么。因为提问总能启发思考，而善于思考是所有学习高手都拥有的优秀品质。

【本节知识点回顾】

1. 5why 学习法：遇到问题时，连续问 5 次为什么探寻本质。

2. 实践 5why 分析法的 3 个步骤：（1）确定问题；（2）连续追问 5 个为什么；（3）探寻本质，采取行动。

3. 提问的 3 个方面：输入、内化和输出。

3.5 PDCA 学习法

PDCA 学习法是一套非常适合自学者使用的学习方法，它能帮助学习者提升自学能力。如果学习者想自学学会某一技能，或者应对一门考试，采用 PDCA 学习法是完全够用的。

PDCA 学习法强调"循环""量化""小步迭代，快速前进"。如果想要提高学习效率，了解"PDCA"循环是大有裨益的。

3.5.1 PDCA：计划、执行、检查、改善

PDCA 理论最初是由美国质量管理奠基者沃特·阿曼德·休哈特提出的，后由美国质量管理大师爱德华兹·戴明深度挖掘并改进，成为后来的 PDCA 模式。

先来解释一下各个字母的含义。

● PDCA 学习法各个字母的具体含义

1. P：Plan（计划）

制订学习计划，包括不同阶段的学习目标、时间进程、成果检验等。

2. D：Do（执行）

依照计划严格执行。

3. C：Check（检查）

尽量用可量化的方式检查学习成果，比如，检验背诵单词，要说出当天具体能背诵出多少个单词，再比如数学作业 10 道题中正确率为多少等。

4. A：Act（改善）

根据上述数据进行复盘，最关键的是不断寻求"进步"。首先，分析问题，弄清楚数据是否反映出问题，以及是什么原

> 因导致的。其次，思考并优化学习流程，能否在规定时间内提高背诵的单词量？是否有更好的解决方法？

PDCA 学习法里的 4 个字母含义分别是计划、执行、检查、改善，每个字母都代表了相应的步骤。计划，即为制订学习计划，在所有的学习任务开始前，都有这一步。执行，指完成学习任务。检查，指用"指标""数据"等可衡量的标准量化学习结果。改善，指及时反馈，根据执行结果改变学习方法和阶段目标。

PDCA 理论认为，在实践中矫正计划比一开始就设定好"完美计划"更有可能达成目标。"完美计划"往往是不存在的，因为不实践就不清楚问题所在。问题的出现，往往能让我们对任务的理解更为深刻。

从图 3.3 中可以看出，PDCA 是一个循环。等一轮结束，就可以进入新的循环再次开始。

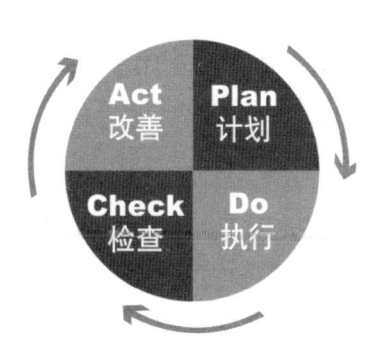

图 3.3　PDCA 循环

需要强调的是，PDCA 循环的前两步包含试错的含义。因为在没有找到最好的解决方法前，我们的计划和执行很可能并不能直击要害。但是根据前两步的数据表现可以知道，我们要如何改进。

因此 PDCA 的精髓是"**小步迭代，快速前进**"。计划没有变化快，计划也没有问题出现得快，采取更灵活的策略是必须的。

比如，很多同学经常会在"计划"阶段花很多时间，还会把一天时间安排得满满当当。事实上，我很少看到有高手会每天花大量时间在把计划做得面面俱到上。绝大多数情况下，高手经常是提纲挈领地把每天必做的事情列出来，剩下的根据实际情况灵活处理。用一个词语概括，就是"抓大放小"。

3.5.2 如何利用 PDCA 进行学习

那么，我们在什么时候使用 PDCA 学习法呢？可以考虑在以下场景中使用。

- 需要做重复性的学习工作时。
- 需要在规定时间内取得学习上的进步时。
- 应对一场标准化考试时。
- 想自学一项新技能时。
- 想改进学习方法，提高效率时。

软件银行总裁孙正义的前助理三木雄信在回忆孙正义的工作习惯时，也提到了 PDCA 循环。不同的是，三木雄信说孙正义的 PDCA 循环都是起步于"P+D"，也就是"计划 + 执行（Plan+Do）"。

我们以"备考日语 N1 等级"为例说明，如图 3.4 所示。假设要备考最高日语 N1 等级，用"PDCA 循环"做计划很可能是以下这样的。

P+D：练习几套 N1 真题，看成绩制订单项突破计划。
C：检验单项突破计划的成效，再用 N1 真题卷模考检验水平。
A：发现问题，继续改进。

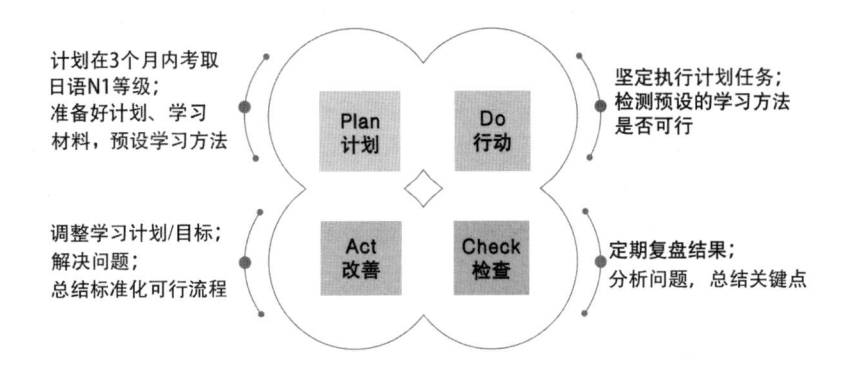

```
计划在3个月内考取          坚定执行计划任务；
日语N1等级；              检测预设的学习方法
准备好计划、学习          是否可行
材料，预设学习方法

         Plan      Do
         计划      行动

         Act      Check
         改善      检查

调整学习计划/目标；        定期复盘结果；
解决问题；               分析问题，总结关键点
总结标准化可行流程
```

图 3.4　用 PDCA 备考日语 N1 等级

把"计划+执行（P+D）"紧密联系作为第一步体现了"行动派"的准则。设想的计划不如真实的数据支撑来得可靠。

值得一提的是，学习高手都很重视真题。我也曾和学习高手交流过学习方法，他认为最快的提分方法就是吃透真题："**无论是什么考试，练习真题永远是最快、最有效的，起码对我是这样。**"

因此，把练习真题放在第一步，可以看出自己与标准化考试的要求还差多少，进而制订计划进行专项提分练习，这样做考试提分的概率会更高。

第二步"检查（C）"的本质是迅速反馈，即能不能迅速了解自己的弱项经过训练进步了多少。此处很重要的一个标准就是是否可以用数字描述结果，注重事实而不是感受。

比如，想要测试自己的英语单词背诵情况，对检查没有帮助的描述是："我记单词的速度好慢。"而对检查有帮助的描述是："在 1 分钟内，我记了 10 个单词。"

基于后者的描述，我们才能在下一次评估进步或退步是因为什么产生的。

第三步"改善（A）"就是做出改进。PDCA 循环是很小的循环，整个循环的计划也是因执行结果而灵活改变的。

比如，在经过第一轮的日语 N1 考试模拟并训练后，如果发现词汇基础不错，但听力仍有一定差距，就要迅速调整，花更多的时间提高听力。

以上是一个完整的 PDCA 小循环。当小循环结束后，马上就要进入下一个 PDCA 小循环，直到目标完成。

在小步迭代的累积改进中，就会发生质的飞跃。

值得一提的是，正是因为熟悉 PDCA 循环的要领，三木雄信在两年的时间成功自学了英语（起初他的英语基础很薄弱），在辞去助理工作后还创业开办了英语培训机构，并把它作为新事业的起点。

由此可见，用好 PDCA 循环，日积月累，就能在学习上突飞猛进。即使基础薄弱，PDCA 也可以帮助我们一点点朝着正确的方向前进。

高手都是灵活、快速、能坚持的行动派！

再强调一遍，用 PDCA 学习法应对考试，最重要的是一上来就以行动辅助计划，并在反馈中快速修正计划。PDCA 学习法并不难，用好它，就可以取得长足的进步。

> 【本节知识点回顾】
>
> 1. PDCA 学习法的 4 个步骤：计划（Plan）、执行（Do）、检查（Check）、改善（Act）。
>
> 2. PDCA 学习法的精髓：小步迭代，快速前进。
>
> 3. PDCA 学习法的应用场景：需要做重复性的学习工作时；需要在规定时间内取得学习上的进步时；应对一场标准化考试时；想自学一项新技能时；想改进学习方法，提高效率时。

3.6　DDL 学习法

DDL 学习法是写给拖延症同学的学习方法。"DDL" 是 deadline 的缩写，意思是"**截止日期**"。

读书时，有很多"显性 DDL"是由老师和家长督促完成的，比如，前一天要写完第二天要交的作业、跟着老师学完每一学期的学习任务等。还有很多"隐性 DDL"是对自己有要求的学习者给自己设定的，比如，假期里读完 5 本文学类课外书，平时写完作业额外背诵英语高频词汇等，因为没有外界的要求，所以全凭自我管理。

对很多人来说，临近截止日期时会产生一种任务的压迫感。特别是对严重的拖延症同学来说，最崩溃的可能就是截止日期的前几天。不仅心理上有强烈的负罪感，而且迫于时间紧张，最终完成任务的质量和效果也都不尽如人意。

但是，如果我们能利用好 DDL 学习法，稍微调整一下行动准则，或许学习效果就会大不一样。让我们一起来了解一下 DDL 学习法吧。

3.6.1　DDL 是第一生产力

高中好友小柒在考试周最常挂在嘴边的一句话是："DDL 是第一生产力！"

因为我做事比较慢，所以我总是拉着小柒一起自习，从高中到大学皆是这样。我发现她有一个非常好的习惯：只要学业上有什么任务，总是第一时间着手先开头。比如，国庆假期，她会在第一天就把每一项要着手完成的作业都写一点儿，哪怕只是一道题。在接下来的两三天里，她很可能会以休息为主。等到假期过半接近尾声，她才会集中精力把所有任务都完成。

我曾经跟她聊过这个在我看来有点儿"奇怪"的习惯。我问她："第一天你也做不了多少事，为什么不干脆把事情都集中在你真正要学习的那几天呢？"结果她非常认真地跟我说："谁说我前几天没学习？虽然我行动上没学习，但是我的大脑一直在思索着相关问题！"

我以为她在和我开玩笑，没想到她却认真地说："真不骗你！我看过一个科学研究报告，是讲如何利用 DDL 集中精力、高效突破难题的。

其中的一个关键就是，尽早开始行动，哪怕开个头后把任务放一边，这样大脑的潜意识也会一直运转。在无形中,你就会思考问题的解决方案。"

"真的有这么神奇吗？"我半信半疑。

后来，我去搜索了相关的科学研究报告，竟然发现小柒说的一点儿不假！

科学研究表明，大脑里的岛叶皮质和痛苦的感受相关。一旦在脑海里产生了要去做不喜欢或有难度事情的想法，岛叶皮质就会发亮。但有趣的是，如果你一旦开始真正执行想要逃避的事情，大约 20 分钟后，岛叶皮质就会平静下来。

同时，心理学上有一个"蔡戈尼克效应"，是苏联心理学家布卢玛·蔡戈尼克提出的。这个效应是指相较于已经完成的工作，人们更倾向于把未完成的，或者是被打断的工作记挂在心上。

这两个研究表明，**如果你有一个阶段性的任务，可以先开个头，更有助于事情的完成**。另外，还可以充分利用临近截止日期时的紧张心理。这种紧迫感可以帮助我们集中精力，更专注地完成有挑战性的任务，这就是所谓的 "DDL 是第一生产力"。

DDL 学习法和上文提到的科学原理紧密相关，其精髓并不在于真的拖到最后一刻完成，而是尽早开始，并巧妙利用 DDL 的压力集中精力学习。

3.6.2　永远把 DDL 提前一天

糟糕的拖延症是只在临近截止日期时才着手做任务，这样只会适得其反。由于时间的紧迫和压力，人们在慌乱中犯错的概率会增加，任务完成的质量难以保证。

在经过多次错误尝试后，我发现了一个我会犯的致命错误：**永远高估自己完成任务的能力。换而言之，永远低估自己完成一项任务所需的时间**。但是，从小到大，我们身边也总有一些能把自己学习、生活安排得井井有条的高手。比如，一个考上上海交通大学的同学跟我说，他的习惯是：**永远把 DDL 提前一天**。

假如，周五老师要进行一次课堂测验，他则会"欺骗性"地告诉自己周四要进行课堂测验。这样，他必须在周三晚上就完成所有复习。

这样做的好处有很多。

首先，时间上能确保充裕。因为他总会发现，即使在周三已经完成了一轮复习，在周四还是有约 10% 的知识点记得并不牢靠或仍需加强理解。而这些零散的小知识点在周四完成则会绰绰有余。

其次，能增强考试的信心。人们会因为匆匆忙忙赶到一个地点而心慌意乱。对待完不成的任务，在临近截止日期时心情是最复杂的。把 DDL 提前，正是给足自己时间。不慌不忙地按期完成任务，会多一份自信。

最后，能提高学习成绩。能每次保质保量地完成复习，日积月累，考试成绩自然会更好。且不止一次、两次的考试复习，在平时的学习中，他也一直保持着这样的习惯。所以，优秀的习惯总是能让人受益颇丰。

永远把 DDL 提前一天，这是我从上海交通大学的学习高手身上学到的最重要的习惯。

3.6.3 DDL 学习法的适用场景与实践

DDL 真是让人又爱又恨！

为了不被 DDL 左右，我们可以用 DDL 学习法避免糟糕的拖延症，科学巧妙地应对学习任务！

> ● **DDL 学习法的含义**
> 利用截止日期带来的心理紧迫感，战胜拖延，制订学习计划并集中精力处理学习任务。

临近截止日期有心理紧迫感固然重要，但是，心急吃不了热豆腐，如果完成任务的时间太短，学习效果反而不佳。所以，这里要引入"虚拟 DDL"的概念。

虚拟 DDL 不是真正的截止日期，而是自己设置的"假截止日期"，具体提前几天视任务而定。这样做，一方面可以留出时间以防任务完不成；另一方面又有紧迫感确保自己真正地行动起来。

那么，我们究竟该如何实践 DDL 学习法呢？下面，就来说说 DDL 学习法的实践方法。

> ● 实践 DDL 学习法的 4 个步骤
> （1）设定"虚拟 DDL"。
> （2）根据"虚拟 DDL"倒推制订学习计划。
> （3）从拿到学习任务的那一刻起，先着手开个头。
> （4）按照学习计划，中途可以做别的事，有灵感后可继续学习。在规定时间过半后，有意识地集中精力突破任务。

实践 DDL 学习法共有 4 个步骤，其中前两步是准备阶段，后两步是执行阶段。首先，设定"虚拟 DDL"，如果任务不重，可以提前 1~2 天；如果假期较短，则需要预留更长的时间。然后，根据"虚拟 DDL"倒推到现在，计算出共有多少天完成任务，考虑任务量、个人状态等因素制订学习计划。

执行时，如果前期没有学习状态可以适当灵活一些，当作养精蓄锐的休息。但是，当时间过半后，就要在大脑里绷紧一根弦，保证接下来要全情投入。

接下来，用一个具体的应用案例说明 DDL 学习法。

假定你现在要完成某个一周任务量的学习作业，真实的截止日期是 9 月 30 日，那么根据"永远把 DDL 提前一天"的原则，你需要把自己的截止日期"欺骗性"地设置成 9 月 29 日。至此，第一个要点已完成。

接下来是第二个要点，设定"虚拟 DDL"促使自己进入学习状态。谁也没有规定自己不能给自己设定"虚拟 DDL"，既然截止日期有紧张感，不如我们就巧妙利用它制订学习计划。比如，在 9 月 30 日你要交一篇语文老师布置的作文，就可以按表 3.3 设定"虚拟 DDL"并制订计划。

表 3.3 "虚拟 DDL"计划表

序　号	日　期	虚拟 DDL
1	9 月 23 日	
2	9 月 24 日	收集素材 DDL
3	9 月 25 日	
4	9 月 26 日	写大纲 DDL
5	9 月 27 日	
6	9 月 28 日	正式写作 DDL
7	9 月 29 日	交作文 DDL

"交作文"是最终的任务，但可以拆解为 3 个执行步骤，分别是收集素材、写大纲和正式写作。按照自己的节奏，拟定"虚拟 DDL"，也就是在 9 月 24 日、9 月 26 日和 9 月 28 日之前，必须分别依次完成上述的 3 个步骤。

第三个要点，在拿到任务的第一天（9 月 23 日）并不是什么都不做，而是要在这一天先收集一部分素材，或者想想标题、第一段的内容。

即使这些都不见得是最终版文字，但是尽早开始这个过程，就能在大脑里留下印象。或许这期间哪个灵感迸发，突然就有了写作的好点子。

最后一个要点，在时间进程过半后（9 月 26 日），就要逐渐集中精力，做最后的任务突破了。比如，在此阶段，正式写作就是最重要的任务。不过如果前面的铺垫工作做得到位，最后完成起来也不会像想象中那么难。

当然，DDL 学习法并不适用于所有学习场景，比如，日常的写作业、交作业，完成周期很短，用这个方法就不太合适。

但是对于寒假、暑假，或者法定假期等有一定时间弹性的场景，就可以充分利用 DDL 学习法安排自己的学习，在闲暇时间还可以适当放松。

> 【本节知识点回顾】
> 1. DDL 学习法的适用人群：拖延症同学。
> 2. DDL 是第一生产力，同时永远把 DDL 提前一天！
> 3. DDL 学习法的实践步骤。
> （1）设定"虚拟 DDL"。
> （2）根据"虚拟 DDL"倒推制订学习计划。
> （3）从拿到学习任务的那一刻起，先着手开个头。
> （4）按照学习计划，中途可以做别的事，有灵感后可继续学习。在规定时间过半后，有意识地集中精力突破任务。

3.7 OKR 学习法

在我看来，OKR 学习法是最以目标和结果为导向的学习方法。所以，用它应对未来一定时间内的考试任务是很有效的。

虽然这套方法最开始用于企业管理，但稍加改进用于学习，也非常具有启发性。一是因为 OKR 强调目标管理；二是因为 OKR 能高效推进学习进程；三是因为 OKR 能让学习结果符合预期。

接下来，将借鉴 OKR 的理论框架和"SMART 原则"阐述以目标和结果为导向的学习应该如何进行。

3.7.1 OKR：目标与关键成果

OKR 的英文全称是 Objectives and Key Results，翻译过来就是"目

标与关键成果"。最初 OKR 的概念由英特尔公司提出，又由约翰·都尔引进谷歌，演变为一套针对"目标管理"卓有成效的管理方法。

正如名字里包含的，OKR 理论的重要因素有两个：目标与关键成果。

OKR 学习法的逻辑是倒推：**由目标倒推所需达成的关键成果，再由关键成果倒推每天、每周、每月要完成的任务。**

> ● OKR 学习法的含义
>
> OKR 学习法是一种以目标为导向的学习方法，学习者需根据目标（O，Objectives）和关键成果（KR，Key Results）拆分学习任务，然后制订相应的学习计划并执行。

用 OKR 学习法拆分后的学习任务往往是阶段性的，每一阶段也有阶段性的目标（O）和关键成果（KR），这两者都是阶段考查的重点指标。在设定学习目标时，需要确保目标具有可衡量、可达成的特点，并且需要设定截止日期。关键成果则是用于衡量学习目标是否达成的具体标准。

一般来说，过程对了，结果才会正确。OKR 学习法的精髓是在过程中设置矫正点，以保证阶段性成果，进而保证最终的学习效果。

举一个很简单的例子，比如，我想要通过托福考试。托福考试分为阅读、听力、口语、写作 4 项，每一项的满分为 30 分。

●**目标**：一次性通过托福考试，并考到 100 分以上。

●**关键成果**：

（1）阅读争取不扣分，拿 28 分及以上。

（2）听力需要努力提升，拿 25 分及以上。

（3）口语尽全力，拿 22 分及以上。

（4）写作训练打字速度，拿 25 分及以上。

就这样，我把"托福一次性考到 100 分以上"这个目标，倒推并细分，拆分成了 4 个关键成果。只要我能保证达成这 4 个关键成果，就可以顺利通过考试。

再举一个读书的例子,假如我的目标是一年读 30 本书。
- **目标:** 一年 52 周内,读完 30 本书。
- **关键成果:**

(1)用 1 天时间,列出一年想读的书籍清单。
(2)上半年 1 月至 6 月,每月至少读完 3 本书。
(3)下半年 7 月至 12 月,每月至少读完 2 本书。

由于上半年假期较多,自由时间相对来说会更多一些,所以坚持每个月 3 本的读书量,6 个月能读完 18 本书。下半年假期较少,6 个月 12 本书的任务量更合理。

OKR 学习法能让学习结果符合预期的底层逻辑是,它在监督我们的"学习过程",就像安装一台巨型机器一样,只有每个关键部位都运转到位,最终巨型机器才能运转起来。

3.7.2　如何利用 OKR 设定学习目标

OKR 学习法的关键是设定学习目标。

从本质上来说,"关键成果"也是"目标",因为在我们倒推并制订计划时"关键成果"还没有被实现。

那有没有一种方法可以帮助我们设定学习目标呢?毕竟,如果学习目标设定得不合理,就像飞机迷失了方向一样,终点会充满未知。

好消息是,用"SMART 原则"就可以解决这个问题。

"SMART 原则"是专门用于检验目标设定合理性的原则。

- **设定目标的"SMART 原则"**

S、M、A、R、T 这 5 个字母分别代表的意思是:S= Specific(明确)、M= Measurable(可衡量)、A= Attainable(可达成)、R= Relevant(相关性)、T= Time-bound(时限性)。

所谓明确,就是指目标必须是具体清晰的,不能太过笼统。

可衡量是指目标可以通过测量的方式评估,最好可以用数字量化。

可达成是指目标不能太高,比如,"每天学习16小时"这样的计划太过极端,也不切实际。

相关性是指设定的目标要指向具体问题。

时限性是指目标需要有完成期限。

再拿上文托福考试的例子来看,设定的目标少了"时限性"。同时,"可衡量"这一维度可以稍作改进,更加具体地指向行动。经过改进的OKR计划如下。

- **目标**:备考期3个月,一次性通过托福考试,并考到100分以上。
- **关键成果**:

(1)阅读拿28分及以上,在2个月内做完20套真题阅读。

(2)听力拿25分及以上,每周做5套托福完整听力。

(3)口语拿22分及以上,考前1个月内坚持和外教用英语对话。

(4)写作拿25分及以上,每周背诵范文5篇,练习网上写作3篇。

只要能够按照"SMART原则"制订学习目标,再根据OKR理论的关键成果执行,就会大幅提高学习效果,从而通过考试。

3.7.3 检验学习的关键成果

如果没有反馈,再完美的计划也不能发挥效果。

既然OKR是紧盯目标的,用OKR学习法检验学习成果也是必要的一步。最后阶段主要通过检验以下3个方面。

第一,关键成果是否达成。

第二,关键成果出现偏差的原因(一般都会有偏差)。

第三,是否能优化执行过程。

比如,"每周做5套托福完整听力"的行为达成,但模考只拿了20

分——关键成果只能算完成了一半。

此时，就要思考出现偏差的原因：是训练的时间不够长？是刷的模拟题不够多？还是没有完全掌握模拟题？

我曾经用纠偏的方法探究过听力不能提高的原因，最后发现竟然是词汇量不够导致的。因为我发现自己能顺利地听懂没有生词的句子，但一有生词就会卡壳。所以，我在听力的"关键成果"一栏加上了"背诵听力场景词汇"。

一开始我也不确定这样做能不能帮我提高听力成绩，但后面我下定决心，无论如何也要先坚持背 1 个月。

于是在接下来的 1 个月里，我梳理了高频听力词汇，从五星词汇往下，依次每天认真背 150 个，同时辅以真题进行练习。1 个月下来，我发现自己的听力考试正确率从 65% 提高到 80% 了。

优化执行过程是所有擅长反思的学生最常做的工作，用产品经理的话来说，是要总结出一套效率最高的 SOP（Standard Operation Procedure，标准操作程序）。

SOP 的概念真的很有趣！自从知道了 SOP 的概念后，我就像打开了学习世界的新大门！毫不夸张地说，用好 SOP 的理念，能在之后的学习上都事半功倍。

SOP 是指将某一事件的标准操作步骤以统一的步骤总结出来，之后凡是再遇到相同的任务，直接照着老一套的步骤执行即可。说白了，SOP 就是自己总结的"问题说明书"。

打个比方，高中的学习生活是很忙碌的，英语老师曾要求我们每天听读 20~30 分钟的英语课文。对我来说，我习惯把这项工作安排在睡觉前。

但问题是，我常常学习到很晚，晚到没有精力听英语课文了。

久而久之，上课我开始出现了听不懂、单词发音不标准的情况。这就迫使我不得不思考，怎样才能解决这个问题呢？

于是，我仔细复盘了一下我每天的时间安排，发现早晨洗漱完到坐下来吃早饭正好差不多有 20 分钟的时间，而且，这部分的时间竟然还是空白的。

所以，顺理成章地，我就把听英语课文这件事挪到了吃早饭的时间。为了保证听力的质量，我给自己的"吃早饭"也制订了一套SOP。效果也比较理想。

我的"吃早饭"SOP如下。

（1）打开平板电脑，播放前一天下载好的英语听力。

（2）盲听一遍听力原文。

（3）盲听过后，对照原文再听一遍。

（4）脑海中记下生词、长难句，等早读时查一下词典。

（5）吃完早饭，顺便下载第二天的听力资源。

有时听不完，在去学校的路上，我也会用耳机播放录音。

就这样，我顺利解决了没时间听听力这一难题，我对此非常满意。

以上就是我用OKR学习法和SOP提高学习效率的方法，希望能对你有所启发。

【本节知识点回顾】

1. OKR学习法的两大关键要素：目标（Objectives）和关键成果（Key Results）。

2. 设定目标的"SMART原则"：明确、可衡量、可达成、相关性和时限性。

3. 检验关键成果的步骤。

（1）检验关键成果是否达成。

（2）寻找关键成果出现偏差的原因。

（3）是否能优化执行过程。

3.8 散步学习法

散步能让我进入最佳的思想状态。

——索伦·克尔凯郭尔

散步时也能学习。人在悠闲散步时很适合思考平日里没有想明白的问题，如果你遇到了什么理不顺的卡壳点，已经在座位上苦思冥想了许久，那么不如放下手中的笔，去户外走走。说不定这一走，你就能把卡壳点想明白！

3.8.1 大脑在散步时更灵活

你在学习时有没有遇到过以下情况？

遇到一个棘手的难题，花了很多时间，苦思冥想不得解法。迫不得已，先把手头上的难题放在一边。结果，突然在你散步、运动或做别的事情时灵机一动："原来这个问题可以这样解！"于是，难题非常顺利地解决了。

我有好几次这样的经历，每当遇到数理化方面的难题时，一直不动地坐在座位上紧紧盯着书本，思绪就像卡住了一样，没有运转的能力。一开始，我是迫不得已把问题先搁在一边。因为难以解决，所以我紧盯着它也丝毫不能取得进展，索性起来转转。

如果时间充裕，我会选择出门散步透透气。如果时间紧张，我就会在客厅边听音乐边走个来回。就是这样简单的"散步动作"，有好几次都让我灵感爆发，顺利解决难题。

很多次的偶然便是必然。我开始猜想，人的大脑可能在放松时更灵活，并做了相关研究。我发现，在"冥想"的理论中，散步是一种全身性的周期运动，也是一种运动冥想的形式，散步可以使大脑得到放松。

科学研究表明，大脑有"专注模式"和"发散模式"。"专注模式"

一般在学习新知识的情况下开启，因为在学习新知识时，人的大脑必须先集中注意力以便开启这些"学习区域"，比如，做加、减、乘、除的数学运算需要开启"专注模式"。

而"发散模式"则是大脑在做一些好玩的、有挑战性的、需要创意创新任务时开启的模式。在"发散模式"下，人的大脑更容易激发灵感。激发"发散模式"的办法有听音乐、跳舞、打篮球、踢足球、骑自行车、绘画、冥想、慢跑、散步或游泳等。

因为散步就是其中一种能激发大脑"发散模式"的方法，所以，人们在散步时大脑更灵活是真的！

《如何成为一个会学习的人》一书的作者粂原圭太郎，本身是京都大学经济学部的高材生，当老师后帮助过很多学习成绩不好的学生。

有一次，他接触到了一位高考失利的复读生。该生没有任何学习的兴趣，学习成绩也一直不能提高。结果，粂原圭太郎用了一种方法让这名复读生的成绩在3个月内有了比较大的提高，这种方法就是：每天走路去图书馆。

粂原圭太郎给这名复读生定下的规矩是：每天都要走路去图书馆。如果当天想学习，就在图书馆里学习；如果当天不想学习，可以碰一下图书馆的墙壁就回来。

在粂原圭太郎的影响下，这名复读生竟然从"对学习丝毫提不起兴趣"变成了"每天都想学习"，3个月内学习成绩有了大幅提高，最终，半年后如愿考上了理想的大学。

对学习特别困难的学生来说，畏难情绪会比一般学生严重很多。"走路去图书馆"虽然仅仅只是走路的过程，本身和学习的关系不大，但却是连接"放弃"和"学习"的桥梁。

因为目的地是图书馆，在走路的过程中也许就会产生"今天去图书馆要好好学习"的想法，同时，能完成走路这一项任务，心理上也会产生一些成就感。所以，看似"走路"和"学习"不太相关，但实际上起到非常大的促进作用。

这个例子告诉我们，在学习上不能"只静不动"，若能"动静结合"，适当用散步等运动促进学习，也许会获得意想不到的惊喜。

3.8.2 实践散步学习法的 3 个关键阶段

既然散步会激发大脑的"发散模式"，那么如何用散步促进学习呢？

散步学习法适用于梳理知识点、产生联想记忆的场景，较多用于复习新知、巩固记忆。

> ● 散步学习法的含义
>
> 利用大脑在散步时的放松与灵活，在散步时进行知识点的回忆和联想，检验记忆的牢固程度，从而加深对知识点的理解。

散步学习法一共有 3 个阶段，分别是散步前、散步中和散步后。下面就从这 3 个阶段分别谈谈如何实践散步学习法。

第一阶段：散步前

由于散步时，我们无法拿着书本学习新知识，所以新知识的摄取需要在散步前完成。这一阶段的主要任务是毫无遗漏地把知识点输入大脑。

学习新知识时需要做到有框架、有层次，最好的办法就是按照"MECE（Mutually Exclusive Collectively Exhaustive，相互独立、完全穷尽）原则"输入（图 3.5）。

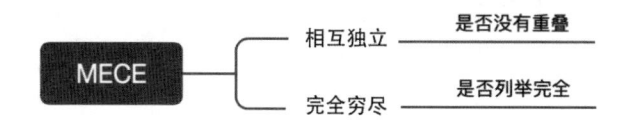

图 3.5 MECE 原则

比如，学习高中历史教材的某一单元有 8 个课时。这 8 个课时之间就可以视为"相互独立"。同时，只有把这 8 个课时的知识点都输入大脑后，才能满足"完全穷尽"。

第二阶段：散步中

穿上舒适的鞋，我们就可以去户外散步了。散步的地点可以选择小区的公共步道、市政花园或其他能接触大自然的地点，尽量不要选择商场等会分心的场所。正式开始散步后，我们可以按照以下4步进行复习。

（1）复原知识基础框架。
（2）横向测试。
（3）纵向测试。
（4）联想。

第（1）步是在脑海里复原知识基础框架，建议按照教材的章节标题进行回忆。

第（2）步和第（3）步分别是横向测试与纵向测试。依旧以历史教材为例，横向测试是指能否根据关键词展开回忆；纵向测试是指能否回忆起独立并列关系的8个课时主题。

第（4）步联想是指在散步回想时可以尝试在孤立的知识点之间建立关系，或者给单纯的死记硬背加点有趣的联想。比如，在回想英语单词mountain时，可以在脑海里想象山的画面；在背诵古诗词《琵琶行》时，可以随着诗词的描写畅想不同的画面；在回顾物理电磁学的题目时，可以把电磁学的知识点和力学的知识点结合起来，想想哪些力学知识在电磁学中应用了。

第三阶段：散步后

在散步结束后，如果出现记忆盲点，回家后需要立即着手复习。即使不能立马复习，也需要把不会的知识点写下来，防止忘记。

对经常在脑海里盘算问题的学习高手来说，吃饭、走路、散步、睡觉的每一个过程可能都有学习的影子。真正把学习放在心上，零碎的时间也能发挥最大效用。散步学习法——巧妙的一心二用，在大脑开启"发散模式"放松的前提下，或许学习的灵感会意想不到地疯狂迸发。

没事走一走，既能运动又能创造思考的环境，是不是还挺厉害的？在没有学习灵感时，就去户外走一走吧！

【本节知识点回顾】

1. 散步学习法的原理：大脑在散步时更灵活。

2. 散步学习法的 3 个关键阶段。

（1）散步前：按照"MECE 原则"输入知识点。

（2）散步中：复原知识基础框架，横纵向测试，联想。

（3）散步后：检查回忆是否正确，记录未掌握的知识点。

【本章重点回顾】

1. 通用型学习方法：费曼学习法、间隔重复学习法。

（1）几乎在所有有效的学习方法中，都能看到费曼学习法的影子，用"输出"倒逼"输入"是费曼学习法的精髓。尝试把所学的东西教给他人，可以检验自己的掌握程度。

（2）间隔重复学习法被康奈尔大学官网收录，作为推荐给学生以提高学习效率的方法。该方法认为持续间隔学习的效果比一次性学完的效果好，更有利于长期记忆。

2. 适用于自制力不强学习者的学习方法：时间块学习法、DDL 学习法。

（1）时间块学习法：完成整块时间的学习可能很难，但用"化整为零"的思路拆分目标，再大的目标都可以被完成。

（2）DDL 学习法：用截止日期营造紧迫感，制订"虚拟 DDL"倒推学习计划，集中精力突破学习任务。

3. 适用于备考的学习方法：PDCA 学习法、OKR 学习法。

（1）PDCA 学习法：按照计划（P）、执行（D）、检查（C）、改善（A）这4个步骤应对考试，可以达到"小步迭代，快速前进"的学习效果。

（2）OKR学习法：设定目标（O）和关键成果（KR）后，定期检验阶段性关键成果的完成情况，可以对学习过程进行纠偏。纠偏时，可以总结SOP提高重复性学习任务的执行效率。确保达到阶段性关键成果，最终学习目标才有可能实现。

4.适用于自学时的学习方法：5why学习法。

5why学习法：遇到问题时，连续追问5个为什么探寻本质。这种学习方法适合探寻问题出现的深层原因。

5.适用于解决困难问题的学习方法：散步学习法。

散步学习法：大脑在散步时更灵活。散步前，按照"MECE原则"输入知识；散步中，在大脑里横向、纵向回想知识；散步后，检验回忆的正确性并及时记录遗忘的知识点。

第 4 章

效率第一，长时间专注的秘诀

学习高手一天可以学 7 小时是真的吗？答案是肯定的。

在麻省理工学院教了多年书的吉安·卡洛·罗塔教授曾说："**你能且要长期进行 7 小时的伏案工作。**"这是顶尖学府的教授对密集且持续学习的肯定。

当然，这 7 小时并非一刻也不休息，人的专注力在连续专注 2 小时以上后就会不由自主地开始分散。所以，掌握科学的专注秘诀、休息方法对提升学习效率是非常重要的。本章就来揭晓长时间专注的秘诀。

4.1 专注力是锻炼出来的

专注力是锻炼出来的，没有人是天生的"专注王者"。

人的天性就是好动，会被周围的事物吸引，这是原始社会时，不安定的生存环境导致的结果（人必须时刻警惕危险事情的发生）。

而现在，我们处在一个生存环境相对安全但信息爆炸的时代。如果不管理自己的注意力，我们会不断地陷入"精神内耗"，从而焦虑、迷茫、注意力失控……

不过好消息是，专注力是可以锻炼出来的，而每个人都能逐步改善专注力。

4.1.1 比尔·盖茨和巴菲特谈及成功，说了这样一个词

如果在众多的成功因素中选一个最重要的，你会选什么？

比尔·盖茨和巴菲特从年轻时就相识。有一次，比尔·盖茨的父亲邀请巴菲特参加晚宴，他让比尔·盖茨和巴菲特玩个游戏——在手上写一个迄今为止对他们取得的成就最关键的因素。在相互没有串通的情况下，比尔·盖茨和巴菲特都在手上写下了同一个词：**专注**。

我曾经和一个毕业就从事中学教学的大学同学聊天，他是教研组的核心人员，曾帮助过很多学生喜欢上语文，学生和家长都很信任他。我也问过他同样的问题："你认为看一个学生有没有潜力，或者提升成绩最关键的因素是什么？"他给我的也是同样的答案：**专注**。

我想不管是世界顶级学习高手，还是高效能成功人士，都会认可同一个道理：专注力是宝贵的资源。如果给时间、专注力和金钱的重要性进行排序，答案应该是这样的：**专注力 > 时间 > 金钱**。

从小我们很熟悉的一句话是"时间就是金钱"，所以我们脑海里都有珍惜时间的概念。但是，越来越多的行业精英提出还有比时间更有价值的东西，那就是"专注力"。

提出"整体性学习法"的麻省理工学院"学霸"斯科特·扬就充分意识到了时间和专注力是两个事物，前者只是客观地静静流逝，而后者才是主观上可以控制的事物。比如，善用专注力就能给时间赋上"乘数因子"，让1小时的时间价值翻倍。

为什么专注力对学习这么重要？

在斯科特·扬的新书《超级学习者》中，吸引我注意力的是书中为斯科特·扬作序的詹姆斯·克利尔的故事。詹姆斯·克利尔是《纽约时报》的畅销书作家，代表作有《掌控习惯》。

一般人可能很难想象，詹姆斯·克利尔在成为畅销书作家之前是一个完全没有正式写作经验的棒球运动员。按照詹姆斯·克利尔自己的话

来说，他的初心是创业成为一名企业家，但是他的家族里甚至都没有人经商，他也仅仅只在大学上过一两节相关的课程。在结识斯科特·扬后，他发觉或许写作是一条可以实现自己梦想的道路。按照斯科特·扬的超级学习方法，詹姆斯·克利尔"自学"走出了属于自己的成功道路。

在詹姆斯·克利尔撰写的序言中，有两句话令我印象深刻。第一句是：**我最有意义的一些经历都是"高强度自学"的产物**。第二句是：**专注——我几乎从一开始就是全职作家。除了为付账单而接的一些自由职业的工作，我的大部分时间都用来阅读和写作。**

从詹姆斯·克利尔的经历可以看出，"正确的方法+专注"是获得成功的不二法门。那些取得成功的人，总归是有点"倔强"在身上的。从一个不懂创业、不懂写作的"门外汉"到《纽约时报》的畅销书作家，成功开创自己的写作事业，詹姆斯·克利尔的经历给每个心怀梦想的人都做出了榜样。

作为学生，掌控自己的专注力是十分有必要的，因为所有学习的关键环节都需要集中注意力。就拿"输入、内化、输出"这3个标准学习环节来说，如果发生以下任何一种情况的"不专注"，都不可能有好的学习效果。

（1）输入环节：遗漏重要的知识点。

（2）内化环节：一知半解或理解错误。

（3）输出环节：错误识别题目信息。

所以，想成为高手，那就先像高手一样专注吧！拥有超强的专注力，就像拥有了"超级生产武器"，学习效率、理解能力和学习的愉悦程度都会提升很多，最终学习成绩产生质的飞跃只是水到渠成的结果而已。珍惜时间的同时，更要珍惜专注力！

4.1.2 专注力可以训练

可能有很多同学会说："太糟糕了，我的专注力正好是我最薄弱的地方！"如果你意识到自己的专注力不够强，请先放心，这太正常了，很多人都和你有同样的问题。

美国的一项调查显示，现代人平均每天看手机334次，相当于每4分钟就会拿起手机看一下。在调查者中，有71%的人起床的10分钟内会查看手机，有70%的人会在收到消息提示音的5分钟内查看消息。

除此之外，各大软件也会定期弹跳出消息吸引人们的注意力，五花八门的电视节目和游戏也是人们休闲与消遣的首选。可以说，如果你想把专注力分散，简直不费吹灰之力。**但专注力是可以训练的。**

另外，有关学习的诸多优良品质，几乎都可以训练。比如，专注力、记忆力、自控力、意志力……甚至聪明——这一广泛被认为是天生的品质，被证实也可以通过训练获得。

如果你去书店看一看学习方法类的书籍，就会发现已经有很多专家和学者意识到了现代人普遍专注力不高的问题。

比较常见且效果很好的一种方法是"冥想"。

哥伦比亚大学的神经科学研究团队曾从20多项科学实验中发现，进行过冥想训练的人，脑部的灰质密度增加了。同时，核磁共振的扫描结果显示，有8个身体区域也提高了运行效率，如海马体、眼窝前额皮质等。因为这些区域是控制情绪、保持专注力的部位。

上述实例表明，冥想是一种已经被证实能提升专注力的训练方式。

此外，在瑜伽练习中，老师一般也会传授"腹式呼吸法"达到"定心"的效果。"腹式呼吸法"可以有效地控制焦虑。

在《如何像爱因斯坦一样专注》一书中，作者提到了一种可以提升专注力的"4步呼吸法"，节奏为"4—3—6—2"，即"吸气4秒—屏气3秒—吐气6秒—休息2秒"。用作者的话来说，这种呼吸方法可以帮助人们度过一天中"备感困难的时刻"。

第 4 章 效率第一，长时间专注的秘诀

此外，还有一些广受关注的学习方法对提升专注力有益，比如"番茄时钟法""极简断舍离法"等。我的感受是，除了掌握科学的训练方法，专注力还取决于学习者当天的身体健康状况、睡眠质量和部分心理因素。掌握方法后，很可能每一天的专注力是不同的。但没关系，一旦知道如何训练专注力，我们总会朝着更好的方向前进。

本章中我们将依次介绍关于提升专注力的方法，如如何识别并管理分心物、如何用"番茄时钟法"快速进入专注状态、如何科学休息等。请相信长时间专注并非超人才有的特异能力，而是经过努力普通人也可以得到的能力。

【本节知识点回顾】

1. 在学习上，想取得好成绩的关键因素：专注。

2. 关于时间、专注力、金钱的重要性排序：专注力＞时间＞金钱。

3. 专注力可以通过训练得到加强。

4.2 定心：识别并管理分心物

4.2.1 分心物的 4 种类型

在学习时，会遇到哪些分心物呢？如表 4.1 所示，主要有以下 4 种，分别按不可控与可控、内部因素与外部因素衡量。

表 4.1 分心物的 4 种类型

分心物	内部因素	外部因素
不可控		
可控		

内部因素主要是指身体的五感六识。五感是指形、声、色、味、触，六识是指眼识、耳识、鼻识、舌识、身识、意识，六识对应五感，又外加了一个"意识"。外部因素主要是指环境里的人和物。

可控的分心物是指加以干预就可以管理的分心物，无法干预或突发性的因素则为不可控的分心物。

如表4.2所示，手机的通知消息是可控的外部因素，生病期间药物无法缓解的身体疼痛是不可控的内部因素。

表4.2　分心物的4种类型举例

分心物	内部因素	外部因素
不可控	药物无法缓解的身体疼痛	同学的喧闹
可控	写作业时感到饥饿 学习时听音乐 睡眠不好时没精神	手机的通知消息 桌面上的零食 临时的家庭聚会

注意，这里说的"不可控"是从短期来看的。从长期来看，也有相当一部分不可控因素可以得到改变。比如，加强身体锻炼、提高免疫力，从而让身体上的疼痛消失。

千万不要小看身体上的疼痛，如果长期有病痛困扰，不仅在学习上无法专注，在心理上也容易产生低落、难过的情绪。高中时期，我的一位女同学身体很虚弱，具体表现为情绪波动很大、成绩下滑。最后，这位女同学选择了休学一年，所幸她的身体得到了恢复，最终在学习上也能正常发挥。所以，一旦出现身体生病的情况，首要的任务就是强身健体，养好病后再集中精力学习。

短期不可控的外部因素也会影响我们的专注力。比如，自习时同学的喧闹，对本身就很喜欢聊天的人来说，如果定力不够，很可能有一部分学习的注意力就会转移到周围人的对话中。

最常见的可控分心因素是电子产品的干扰以及睡眠问题。现在的学生被电子产品包围，记得在我中学时，班里的一大半的同学都已经拥有了自己的手机。那时，很多同学的课余爱好就是看小说和打游戏。

关于睡眠，我国学生存在的普遍问题就是睡眠不足。我在高中时期最大的愿望就是每天多睡 1 小时。

中国科学院心理研究所发布的《中国国民心理健康发展报告（2019 — 2020）》中指出，小学生、初中生和高中生的睡眠时长应分别达到 10 小时、9 小时和 8 小时。

但现实情况是，中国小学生、初中生和高中生的睡眠时长平均分别只有 8.7 小时、7.6 小时和 7.2 小时，有 95.5% 的小学生、90.8% 的初中生和 84.1% 的高中生都未达标。

而睡眠对学习的促进作用绝不仅仅是休息这么简单。科学实验证明，睡眠会紧密影响以下学习环节。

（1）学习速度。

（2）记忆速度。

（3）记忆持久度。

（4）联想应用能力。

（5）创新能力。

（6）学习专注力。

曾经有一段时间我想"晚睡早起"多挤出点儿时间学习，结果上课犯困效果不尽如人意。关于睡眠对学习的影响，后面的内容中将展开讲解。事实证明，当你缺觉时，你唯一想做的事情就是睡觉，设想的专注学习根本不存在！

但好消息是，在日常学习中，大部分令我们不专注的分心物都归在可控因素的范畴内。我们可以做一个小游戏，拿一张纸按照 4 种分心物类型进行归类，把你认为影响你学习专注的因素写在对应的格子内。

做完你就会发现，很多分心物都会落在可控因素的范畴内。不管你自制力强不强，做好分心物的管理，一样可以做到专注学习。我们的任务就是想尽一切办法，让分心物的威力降低，创造一种内外环境都适合学习的状态。

4.2.2 如何管理分心物

知道了分心物的类型，那么应该如何管理分心物呢？我们分以下类别进行说明。

1. 可控的内部因素分心物

从理论上来说，完全可以改进的第一类分心问题是由可控的内部因素导致的。如果在写作业时感到饥饿，那么可以通过养成规律吃饭的习惯，或者准备健康加餐解决。如果听音乐对学习是一种负担，那么不要在学习时听音乐。如果是因为睡眠不好而无法集中注意力，那么首先要做到的就是保证睡眠时长和质量。

对于可控的内部因素分心物，采取积极改变自身的做法是最可取的！试想，连自己都不能改变，谈何改变外界？

不管是"用一个好习惯替代一个坏习惯"还是"下定决心彻底隔绝分心物"，只要采取积极的行动，这类分心物对学习的影响就可以大幅降低。

2. 可控的外部因素分心物

比较好改进的第二类分心问题是由可控的外部因素导致的。在学习时不受手机诱惑的最好办法就是干脆不要让手机"触手可及"。对待零食也是同样的方法，因为如果书桌上有零食就总想打开包装吃几口。

> 我发现每当自己刚刚进入学习或工作状态时，一旦被电话、短信、邮件或群聊消息打断，哪怕只花了 5 分钟处理，注意力至少也要 20 分钟才能恢复。所以，每一次的"被动分心"就相当于损失了"半小时"。

这在注意力本身就很稀缺的时代，是多么不划算的一件事啊！

对待父母或家里亲戚带来的干扰，如临时的家庭聚会或父母的大声说话等，可以通过事先沟通、建立一套学习时的"约法三章"解决，比如要提前约定家庭聚会时间以防手头上有学习任务、在学习时希望父母能小声说话等。

对于可控的外部因素分心物，行之有效的办法是：**对物采取"断舍离"策略，对人采取"积极沟通"策略。**

"断舍离"策略是指创造一个极简的学习环境，这会让人在学习过程中集中注意力。

"积极沟通"策略是指主动与会影响自己学习的人沟通，比如，我就曾经跟家人约定，在学习期间不要把电视声开很大、如果有家庭聚会要提前跟我说以免打乱我的学习计划。

如此，跟父母"约法三章"的理由是，不能既要求我学习成绩好，又不做出相应的让步。即使是父母，我也不想让他们打扰我的学习。

3. 不可控的内部因素分心物

相比于外部，从长期来看，内部因素有较大改变的可能。

比如，短期内身体疾病带来的疼痛，可以通过健康饮食、规律作息等方式缓解。

另外，典型的不可控的内部因素还有心理学上的"习得性无助"状态。

"习得性无助"状态是指经过学习后，形成了一种怎样改变都没有用的不可控认知，从而主观上想彻底放弃。用网络用语来说，就是"摆烂"。

比如，在某门科目上总是无法进步，就会产生"既然怎么做都做不好，不如不学习"的厌学想法。因为固化的"归因模式"，单靠自己已经很难改变。此时必须借助外力进行心理重建。

4. 不可控的外部因素分心物

在这4种分心物中，最不好控制和管理的是不可控的外部因素分心物。

因为这种分心物主要是由环境和他人主导的。例如，我们无法在公共场合命令他人不要说话。

对待这种分心物，一是用平和的心态尽量接受；二是努力创造新环境代替旧环境。比如，你想学习而他人在大声说话，但暂无别处可去，此时可以让自己改变心态，接受吵闹的事实。

4.2.3 "戒手机"的9种方法

我观察过周围人是如何处理手机消息的，结论令我警醒：手机消息大大降低了我们的专注力。

在听到手机"滴"的提示音后，人们总是要拿起手机看一下。我曾经和自诩为"手机重度依赖者"的学生交流过，发现他们的内心也很矛盾：

"明明没有什么消息，却总忍不住隔几分钟就看一下。"
"就好像上瘾了一样，不看就觉得心里空了一块。"
"如果不看手机，要是错过了重要信息怎么办？"

我感到很惊讶，因为在我读初中、高中时，手机还没有重要到"不离手"的地步。这可能"归功于"智能手机在我大学时才逐渐普及，由于科技不发达，在我中学时，手机就只是用于打电话和发短信的工具而已。

对于前两种想法，我猜想是刷手机刷出了"惯性"。

人一旦进入某一种行为模式，如果不由外力加以改变，就倾向于延续下去。如果下定决心一天、两天、三天……由他人（如父母）代为保管手机，这种想刷手机的冲动就会大为减弱。

对于第三种想法，我有一个很省事的理论：如果一件事情真的很重要，那么对方一定会持续不断、想尽各种方法联系你。比如，一直打电话。

所以，对于手机消息，我对它的理解就是：晚一点儿处理，也不会出大事。事实上，地球少了谁都照样转。管理好自己的注意力才是真正有意义的大事！

手机轻度、中度和重度依赖者可以采取不同的做法"戒手机"。

1. 手机轻度依赖者

（1）永远把手机放到包里。
（2）制订学习计划时，专门分点时间"刷手机"。
（3）把分心的 APP 移出主屏幕。

对手机轻度依赖者而言，在学习时可以把手机放到包里。因为对手机的依赖性没有那么大，可以适当把"刷手机"当作完成学习任务的奖励。同时，把容易分心的 APP 移出主屏幕可以减少视觉刺激，从而让分心物逐渐"淡出"脑海。

2. 手机中度依赖者

（1）打开飞行模式 / 切断 Wi-Fi。

（2）一天只充 1 次电。

（3）关闭所有 APP 的通知。

手机中度依赖者对手机已经产生了一定的依赖，所以，第一个方法是打开飞行模式和切断 Wi-Fi。这样即使想从包里拿出手机看，还要经历第二重阻碍。

一天只充 1 次电是为了控制手机的使用时间。最耗电的打游戏、看视频等活动往往也最消耗时间，控制电量的同时也控制了我们的注意力。

另外，手机中度依赖者可以培养自己只在一天中特定时间看手机的行为模式。在设置中可以选择关闭所有 APP 的通知，只保留必要的打电话功能。

3. 手机重度依赖者

（1）把手机调成夜间模式。

（2）给手机戴上定时器。

（3）安装刷手机就报警的 APP。

如果是手机重度依赖者，可以把手机调成夜间模式。就像食物少了色彩就会大大降低想吃的欲望一样，如果手机变成黑白色，那么娱乐性将会大幅降低。

同样的方法还有戴上一个定时器挡在手机屏幕中间，当刷手机的动作不顺畅时，人们就会减少刷手机的行为。

安装一个控制刷手机行为的报警 APP 也是不错的选择。就像闹钟一样，人们不喜欢引起紧张感的刺耳铃声。

总而言之，上述的所有措施的出发点都是给刷手机制造阻力。如果手机真的成了专注学习的阻力，那么尽早戒掉手机是最明智的选择。

> 【本节知识点回顾】
> 1. 分心物共有 4 种类型。
> （1）可控的内部因素分心物：积极改变自身。
> （2）可控的外部因素分心物：对物"断舍离"，对人"积极沟通"。
> （3）不可控的内部因素分心物：从长计议，通过时间逐渐改变。
> （4）不可控的外部因素分心物：最不可控，努力调整心态和创造新环境。
> 2. 警惕电子产品带来的分心：摆脱刷手机"惯性"。

4.3 行动：如何改掉拖延的毛病

现代人的拖延症是产生焦虑的根源之一。可怕的拖延症能毁掉本可以好好完成的学习任务，以及本可以从容不迫的学习心态。偶尔的拖延症或许并无大碍，但严重的拖延症将会击垮学习者的信心。

4.3.1 6 种拖延症，你是哪一种

"拖延症"一词源于何处？如果查询英语词源，会发现早在 16 世纪 40 年代，第一次工业革命开始的 200 多年前，该词就已经在法语和拉丁语中存在了。拖延症的英文为 procrastination，pro 代表 forward，意为"向前"；crastinus 代表 belonging to tomorrow，意为"属于明天的"，所以 procrastination 是"明天的事"，引申为现在的"拖延"含义。看来拖延的问题伴随人类久矣！

在学习上，典型的拖延症可能表现为以下特征。

（1）不想做作业。
（2）复习一拖再拖。
（3）先学喜欢的科目导致偏科。
（4）考试前一天晚上才用功读书。
（5）对新知识有畏难情绪。

高中理科实验班里学习高手很多，有一些学习能力超强的学习高手把任务拖到后面做是因为有信心可以完成。

我们班后来考上复旦大学的英语课代表，每次默写《新概念英语3》都是上课前20分钟才打开书背，但每次默写都能拿到100分，毫不夸张！多年以后我们聚会时再谈到此事，询问她私下有没有提前偷偷背，她非常认真地说："绝对没有！我真的看完就能全部记住，没有办法，我也不知道为什么。"

但是，对我们大多数普通人来说，"拖到最后再完成"这种做法是绝对行不通的。如果我不做准备，只提前20分钟打开英语书看课文，估计最多只能默写出70%的内容。所以，如果对学习任务没有信心，最好的办法就是不要拖延！笨鸟先飞总是没错的。

那么，我们为什么会拖延呢？

拖延症可以按照其产生的心理原因分为以下6种：完美主义型、焦虑人格型、过度工作型、压力促进型、梦想家型和对抗型。

1. 完美主义型

完美主义型拖延症者产生拖延的原因是想把事情做到完美。只要事情达不到预想中"完美"的程度，就会被完美主义者认定为失败。这类拖延症者会产生的典型想法是："如果我不把事情做得非常完美，我就会失败。"

2. 焦虑人格型

焦虑人格型拖延症者是指担心自己没有能力做好某事而拖延的人。这类拖延症者很担心"失败"，所以这类拖延和否定自己的负面情绪相关。

典型想法是:"我没有能力完成它,因为……"

3. 过度工作型

过度工作型拖延症者无法安排事件的优先级。一旦手头上需要处理的任务过多,就不知道先做哪一个,导致进度十分缓慢。

4. 压力促进型

压力促进型拖延症者需要压力才能工作,比如,会产生"我在临近截止日期前几天完成就好,我在压力的刺激下表现更好"这样的想法。

5. 梦想家型

梦想家型拖延症者认为他们无须太过努力就能完成梦想。这种拖延来自对自己的高估。

6. 对抗型

如果布置任务的是不喜欢的人,对抗型拖延症者会采取拖延行动表达对抗。典型想法是:"我不应该完成这项任务!"

行动是由想法控制的,想要改变拖延的行动,首先就要知悉内心有哪些想法被忽略了。表4.3中针对6种拖延产生的心理原因,给出了针对不同拖延症的改变建议。

表4.3 针对不同拖延症的改变建议

完美主义型	知道"完成"比"完美"更重要,训练自己接受不完美,把目标设定为"尽快完成"而不是"尽量完美"
焦虑人格型	探索内心真正的焦虑点,并思考"最坏的结果是什么",尝试与焦虑共处,并用冥想、散步等方式缓解焦虑
过度工作型	每天先做最重要的3件事。对不重要的事件说"不",并学会划分事件的优先级
压力促进型	尝试给自己设定截止日期"人为制造"压力,探索除压力外的内在动机

续表

梦想家型	观察自身是否能顺利完成大目标。如果不行，则要尝试从完成小任务中找到乐趣，而不是只对大目标感兴趣
对抗型	聚焦任务本身，可重新划分任务以获得"掌控感"，思考对抗带来的短期及长期后果

当知道自己是哪种拖延症后，就要想办法对症下药，我把这个过程叫作"做对抗"。一旦学会"做对抗"，你抵御拖延症的能力就会变强，你也会越来越能控制自己的行为。

就拿我来说，我有"完美主义型拖延"和"过度工作型拖延"相结合的拖延趋势。我采取的办法就是每当产生拖延想法时，我都会在大脑里重复以下话语。

（1）你又在追求完美主义吗？完美主义扼杀效率！

（2）这是你现在应该做的最重要的事情吗？还有没有比它更重要的事情？先完成最重要的事情！

虽然"做对抗"的过程不一定愉快，还可能很别扭，但是为了战胜拖延，绝对值得一番尝试。

4.3.2　打败拖延的秘诀：罗列细节并一一执行

不管是以上6种心理原因产生的哪一种拖延，都是"主观想法"影响了"客观行动"。

调节心理能让我们在做事时心情更舒畅，从而减少拖延。

但是，如果不谈心理，只针对"客观行动"带来的拖延现象，我也有一个非常管用的妙招。每次用这个方法都可以巧妙地治好拖延症。

这个方法就是：罗列细节并一一执行。

对拖延症重度者来说，仅仅罗列每天需做的清单是远远不能解决问题的。打个比方，如果你是拖延症重度者，今天给自己列出的任务如图4.1所示，那么很可能一天结束，你依旧会以拖延收尾。

2023年8月8日（周二）
每日清单

1. 学英语
2. 课外阅读
3. 打扫卫生
4. ……

图 4.1　可能会导致拖延的清单

对执行力强的人来说，只需列关键词就知道怎么做了，所以每日清单对高效能人士来说是管用的。当然，也有人指出"落实到具体时间的日程表"比"每日清单"更有效。但对本身执行力较差的拖延症者来说，"执行颗粒度"太大是不行的，因为拖延症很可能来自对大目标的恐惧和完美主义。

把"执行颗粒度"变小，会大大降低拖延症者迈出第一步的难度。那么如何降低"执行颗粒度"呢？很简单，把你要做的事情拆解为具体的、细致的、微小的一个个行动。如果还觉得执行有困难，就继续拆解，直到觉得执行难度可以接受为止。

举个例子，图 4.1 中的"学英语"可以拆解为以下行动。

- 查询文章生词。
- 正式阅读文章。
- 做课后练习题。
- 预习下一课。

如果还觉得执行有难度，"执行颗粒度"还可以再小一些，具体如下。

- 准备好要学的英语教材。
- 读章节目录。
- 查询文章生词。
- 正式阅读文章。
- 回顾文章生词。

- 做课后练习题。
- 对答案。
- 重新理解错题。
- 预习下一课。

我就是靠这样的方法，成功应对了很多本来会拖延的学习任务。

心理学上有一个"飞轮效应"，意思是为了使飞轮运转起来，开始阶段往往要花巨大的力气。拖延症者就卡在这里，"万事开头难"讲的也是这个道理。但是，一旦飞轮运转起来，靠很小的力气和自身的惯性就能顺畅地运行。这也就是把"执行颗粒度"变小带来的好处——降低了飞轮的启动难度。

这个方法的实质就是"化整为零"。看到这里，你是否觉得战胜拖延也不再是遥不可及的事情了？是的，拖延症人人都会有，但只要把"执行颗粒度"不断降低、降低、再降低，我们就能从"拖延症者"变为潜力巨大的"行动派"！

> **【本节知识点回顾】**
>
> 1. 拖延症的 6 种类型：完美主义型、焦虑人格型、过度工作型、压力促进型、梦想家型和对抗型。
>
> 2. 打败拖延的秘诀：把任务细化，然后一一执行。如果还觉得有困难，那么可以降低"执行颗粒度"，直到觉得完成每一项任务都很简单为止。

4.4　聚精会神：如何保持 4 小时以上的专注

不是学习高手，暂时不能保持 7 个小时的专注没关系！

我们先一步步来，从较短时间做起，比如 4 小时以上。一天 4 小时以上的专注标准对专注力训练初学者来说是一个很好的目标,因为难度不算太大,但又有点儿挑战性。

相信我,当你能迈过"专注 4 小时"这一门槛后,你离专注 7 小时就很近很近了!

4.4.1 分神在左,正念在右

我们有多容易分心?一念之差而已。

加拿大认知神经科学研究主席曾表示,人们平均每天产生的想法竟然多达 6000 多个!这意味着平均每分钟我们会产生约 4.2 个想法。

大脑在我们没有意识时,也会进行思考,有些想法甚至我们都意识不到。在弗洛伊德撰写的《梦的解析》一书中,有一个基础理论就是"潜意识"。弗洛伊德认为,人们所有能感知到的意识不过是冰山一角,这些想法被统称为"潜意识"。

当人们相对清醒时,潜意识的诸多想法都被隐藏了起来。但当我们的意识放松时,比如,当我们进入睡眠时,我们的潜意识就会被释放出来,这也是我们会做梦的原因。潜意识的想法很可能是夸张、不客观、有失理性的。

我非常喜欢的一个比喻是,把人们想要分心的欲望比作"野兽",而把努力克服分心的行为比作"驯服野兽"。在人类诞生之初,"野兽"般的种种行为其实是有利于人类生存的,比如:

(1)简单。

(2)对所有刺激几乎都有反应。

(3)威力强大。

神经科学家发现,人类的大脑注定是有分心倾向的。一种解释是,人类在漫长的进化过程中,为了应对自然灾害、危险袭击等突发状况,大脑天生对外界的分心事物保持敏感。

"野兽"简单而单纯,这是为了给大脑降低运转负担从而节省体力。"野兽"对内部、外界信息保持敏感,如饿了、对火的灼烧感到刺痛等,是为了保护自己。"野兽"威力强大，这是指一旦触发，就很难控制。

然而，到了现代，短视频、游戏、电视节目等信息让人眼花缭乱，如果再放由"野兽"乱来，只怕一天也看不进去什么书，更别提在学习上能有所进步了。

学习是一件消耗精力的事情，一旦紧绷的神经放松，那些本来被意识压制着的潜意识想法就会冒出来。比如，突然想到昨天晚上看的小说情节，或者开始畅想到喜欢的地点玩耍等。因为潜意识有很多想法，所以只要稍不留神，我们就会分心。

想要专注，首先我们就要学会像"驯兽师"一样，管理"野兽"。

曾经获得诺贝尔奖的经济学家、认知科学家赫伯特·亚历山大·西蒙下过论断：**随着信息越来越多，注意力将比信息更值钱**。

可以想想看，在过去 3 年里，我们时不时关注的手机通知、电视节目、游戏等，有哪些是还清晰地记得的？又有哪些是对学习知识、掌握技能、提升自我有用的？

答案很可能是：几乎没有。

这些占据我们注意力，但又不能给我们带来提升的分心物，恰恰每天大量抢夺着我们的注意力。

分神在左，正念在右——毫不夸张！

分神和专注只有一线之隔。正因为我们如此容易分心，所以：**如果不学会主动管理接收的信息，专注力只会越来越差**。

4.4.2　4 小时以上的专注可以做到吗

既然分心这么容易，那么 4 小时以上的专注可以做到吗？**答案是：可以做到。**

如果不能做到，那么每天我们在学校里学习度过的 8 小时将没有意义。同时，如果合理地划分 8 小时，每天高效学习 8 小时并不是什么"异想天开"的事。

在学校时，上课下课的时间是固定的，所以我们只要想方设法保持上课专注就好了。要保持上课专注,最关键的是"跟着老师走",预判老师将要说什么。

我经常和自己玩的一个"游戏"就是:在心里暗暗接老师的话。如果老师接下来说的话正好和我想的话一样,我的印象就会特别深刻。如果老师说的和我想的不一样,我就会找原因,分析我和老师思路的不同之处。

除此之外,我还发现如果上课听不懂就会很容易坐不住,思绪跟不上自然会开小差。所以,"预习"也是上课能保持专注的重要环节。

"预习"其实很简单,不用花多长时间。我的预习方法就是以教材的章节框架为基础,把教材中用"粗体"标黑的内容看完就算结束。如果预习中有不太理解的概念,就做个记号带着疑问听课。

晚自习的学习时间是自由安排的。已经上了一天的课,大脑难免会有些疲惫。为了保持专注状态,我一般会刻意少吃一点儿,让自己保持7分饱即可,因为大脑在处于饥饿状态时会更加清醒。

如果是周六、周日这样的休息日,我专注的方法是尽量保持和平时一样的作息,以及把"8小时"拆成"3+3+2",即上午、下午、晚上分别要专注3小时、3小时和2小时,中午会午睡一会儿。

另外,没有人为我们制定"累了不许休息"的规则。我的高中老师们都很开明,如果我们上课困了,就让我们在教室后面站一会儿,或者利用晚自习时间小睡一下。

如果真的累了,就好好休息。疲惫的大脑是无法正常思考的。想要专注更好地学习,其实还有很多方法,如保证睡眠、让作息符合"昼夜节律"、用"番茄时钟法"等,这些都会在接下来的小节中详细讲解。

4.4.3 注意力质量：早起学习的必要性

> 晚起的人一天都不会抓紧。
>
> ——本杰明·富兰克林

注意力是有质量区分的！

从小学到高中，相信大家的课程表都会呈现这样的规律：语文、数学、外语这 3 门重要的科目，几乎总排在上午，而体育、音乐等课程则大多排在下午。

这样设计的原理也有科学理论支撑，人总是在早上起来最精神。"血清素"是人体内一种让"大脑清醒"的物质。血清素有很多作用，如降低肾上腺素浓度、让人从兴奋状态平静下来，控制食欲，保证睡眠正常，以及控制人体对痛苦的感受。

与注意力相关的，是血清素的"清醒功能"。如果大脑前额皮质的血清素浓度越高，人就会越清醒。而人体内的血清素浓度总体来说是早上最高，下午便会迅速降低。

从人一天的注意力曲线也可以看出（图 4.2），人在刚刚醒来的上午 8:30 前注意力最集中，随后注意力便急剧下降，下午 2:00 是注意力最涣散的时刻，一直到晚上 8:00 后才会恢复到比较高的水平，但不久后，人就将入睡。

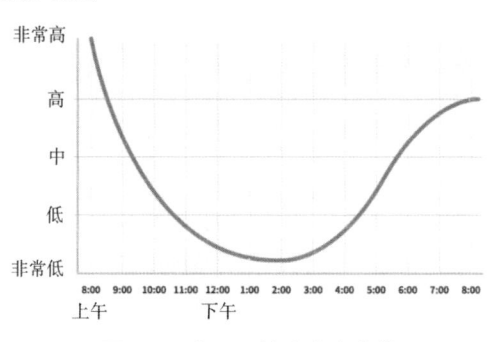

图 4.2　人一天的注意力曲线

所以，上午的时间是名副其实的"黄金时间"。

用上午的时间学习最重要的科目，学习效果是最好的。另外，晒太阳和大声朗读也可以促进血清素的分泌，这也是为什么长期宅在家里不出门的人会情绪波动较大、容易抑郁。

同时，学校里安排"早读"也有其科学道理，大声朗读课文刺激了血清素的分泌，一方面让我们更加清醒；另一方面也让我们对所读内容加深了记忆。

一些名人也有早起工作的习惯。

《百年孤独》作者加夫列尔·加西亚·马尔克斯曾经尝试全天候写作，但是发现前一天下午写的东西到第二天又需要重写，所以他后来改变策略，只在早上创作。就这样，马尔克斯完成了世界名著《百年孤独》。

歌德晚年曾说："我人生曾有一段时间可以每天轻轻松松写满一张张纸，但现在（79岁）只能在早上写作。在我睡饱后、还没被日常生活的俗务烦扰前、觉得心旷神怡时——撰写《浮士德》第二部。"

可见，即使是对才华横溢的大师来说，早上的时间也是极其珍贵的专注时间。早起学习和工作可以给一天开个好头。

那么，我们要如何采取行动促进大脑产生足够多的血清素呢？有以下4种方式。

（1）接受阳光沐浴。

（2）坚持有规律的运动。

（3）进行咀嚼。

（4）保证睡眠。

太阳光是天然的"光合作用催化剂"，可以促进血清素的合成。慢跑、爬楼梯等有规律的运动也可以达到相同效果。所以很多高效能人士喜欢晨跑，一般来说不超过30分钟的运动量对创造一个"富有活力的早晨"已经足够了。

细嚼慢咽吃早饭也对大脑清醒有帮助。除此之外，产生血清素的原材料是一种只能从外部摄取的氨基酸——色氨酸。在豆制品、鱼片干、南瓜子仁、酱牛肉、坚果、香蕉等食物中有较为丰富的色氨酸，膳食平衡好处多多。

从睡眠的角度来说，睡眠障碍者的前额皮质功能普遍有所降低。如果长期熬夜，会导致血清素分泌不足，所以熬夜的人通常会有压力过大、精神紧张、白天浑浑噩噩不清醒的感觉。

即使在学业压力最大的高中阶段，也不建议学习的时间超过晚上11点。牺牲1小时睡眠损失的绝不仅仅是1小时的专注，还有随之而来的健康隐患、压力过大和不良作息的恶性循环。

总之记住一句话：牺牲睡眠的学习是极不理智且短视的行为。

想要好好学习，就早点儿起来吧！

4.4.4　三步断舍离，打造极简书桌

打造一个极简书桌，是主动营造学习氛围的最简单方法。

很可惜，很多人在此之前只是在需要时，才在书桌上挪出一块地方用来学习，但根本没想过要彻底清理书桌。

断舍离是一种帮助人们清理不必要物品的极简主义哲学。践行断舍离，可以帮我们舍弃掉一些"拥堵"。例如，我曾经有段时间把书桌堆满了物品，但在这样的环境中学习，总感觉心有不畅、不能专注。

后来，我尝试着只在书桌上保留最基本的物品：书、笔记本、笔，心情顿时敞亮许多，也更能专注。

而打造极简书桌其实非常简单，最多只需三步就能拥有一个能提高专注力的学习环境：

第一步：想象你要去图书馆学习，只会带哪些必要物品。

第二步：留下必要物品。

第三步：把非必要物品从书桌上移开（或者扔掉）。

我是一个很喜欢去图书馆的人，因为我发现自己在图书馆更能专注学习。为了让"书包"轻一点儿，我总是只带必要的物品去图书馆。下面是一个能检验你书桌上是否有多余物品的准则。

假如只允许带少量的必要学习物品，你会带它去图书馆吗？

如果可有可无，就不要带——原则就是这么简单。

当实践断舍离的原则后，你会发现，头脑里的思绪仿佛也理顺了很多。这或许是因为每天伴随我们的东西很容易进入潜意识。

所以，如果你好久没有整理过自己的书桌，就在下一次学习时，赶紧试一下断舍离吧！或许它能给你带来不一样的专注体验。

4.4.5 被误解的"番茄时钟法"

提到"番茄时钟法"，可能很多人都知道，它是一种用来管理注意力、帮助人们更高效地学习和工作的方法。

番茄时钟法：以每"25分钟"作为一个番茄钟。每个番茄钟结束后，会有5分钟的休息时间。在番茄钟进行时，不可以做别的事，只能专注于手头的任务。而在番茄钟结束后的休息时间，可以做任何自己想做的事。每4个番茄钟结束后，会有一个长达15分钟的长休息。

"番茄时钟法"近几年被大家广为流传，越来越多的人在"番茄时钟法"的影响下变得更容易进入专注状态，且专注的时间更长。

但是，有一个很奇怪的现象是，越来越多的人说："'番茄时钟法'对我没有效果啊。"这让我很奇怪，因为我自己用"番茄时钟法"几乎是百试百灵。每当我觉得状态不太对时，都会打开番茄钟软件帮助自己快速专注起来。

"为什么对我很管用的'番茄时钟法'对大家来讲没有用呢？"我不禁怀疑"番茄时钟法"是不是让大家误解了。

回顾我使用番茄钟的经历，我想有以下3点值得注意。

第一点：进入专注状态需要累积几个番茄钟。
第二点：番茄钟的长度并非"25分钟"固定不变。
第三点：持续专注的能力也需循序渐进。

关于第一点，使用"番茄时钟法"时，很可能第1、2个番茄钟还是会有无法进入专注状态的现象。在刚开始用"番茄时钟法"时，我起身去喝水，喝着喝着突然听到番茄钟结束的提示音。这时我才发现，原来我这么容易分心！甚至"分心的行动"先于"主观上的警觉"——在我都没有意识到自己分心时，我已经做了分心的行为！可见分心是一件多么容易的事。

就拿我来说，我通常需要度过最开始的"不稳定分心期"，一直累积到第4个番茄钟结束后（出现第1个15分钟的长休息），才能完全专注。所以，如果在头两个番茄钟就放弃，确实可能达不到专注状态。

关于第二点，广为流传的番茄钟固定时长是"25分钟"。但实际上，如果一开始做不到"25分钟"的专注，是可以调低番茄钟的阈值的。例如，把番茄钟调成"20分钟"或"15分钟"。以调低阈值的番茄钟做专注练习，依旧有效。

关于第三点，专注力的提高需要一定时间。虽然"番茄时钟法"被广泛证明有用，但是对专注力特别容易分散的人来说，不能指望用了"番茄时钟法"就立刻比原先专注百倍。最好的办法是先实践两三个月，看看专注力是否有提高。

同时，专注力的训练是全方位的。前面提到的管理分心物、健康作息和极简环境都会对专注力有影响。所以，请不要因为一两次失败的尝试就对"番茄时钟法"失去信心。多尝试几次，可能之后你就会感受到"番茄时钟法"的神奇效用了。

4.4.6 切换不同任务，给大脑新鲜感

有时学习任务重、时间紧，可能没有很多时间用来放松休息。在这

种情况下，我们怎样才能让大脑尽量保持状态、持续高效学习呢？

答案是定时切换任务。

19 世纪著名翻译家理查德·弗朗西斯·伯顿博学多才，一生翻译和写作了大量书稿，能说 29 种欧洲、亚洲和非洲的语言。但是他说，在学习每种语言时，每次的练习时间从未超过 15 分钟。

"因为 15 分钟后，大脑就会失去新鲜感。"

无独有偶，日本脑神经科学家桦泽紫苑曾创造性地提出了"15-45-90 法则"。这一法则的基本理论是，人的注意力的基本单位就是 15 分钟。按照任务的难度，可以按"15 分钟的整数倍"进行休息。

从事高强度国际同声传译的翻译官经常以 3 人为一组、轮流工作。这是因为同声传译的翻译官需要在精神高度紧张状态下保持专注，能坚持 15 分钟已经是注意力的极限。

初中、高中一节课的时间常常是 45 分钟，是 15 分钟的 3 倍。看电影时，会发现大部分电影的时长是 90 分钟至 120 分钟。一场足球赛若不算休息时间，上下半场加起来是 90 分钟。

这些活动的安排巧妙又不约而同地遵从了"15-45-90 法则"。

既然大脑不喜欢重复、机械的劳动，我们就可以把任务切分，然后交替进行。

举个例子，假如当天的学习任务可以细分为：

语文 A、B、C

数学 D、E、F

英语 G、H、I

物理 J、K

那么，我们可以以"15 分钟"或"15 分钟的整数倍"（一个番茄钟也可）为基本单位轮流切换学科，交替完成不同学科的任务。例如，可以这样安排：

精力充沛、状态绝佳：90 分钟完成语文 A、B、C

休息 5 分钟

回到学习状态、精力较佳：30 分钟完成数学 D、15 分钟完成英语 G

休息 5 分钟

有点儿疲惫、精力尚可：15 分钟完成英语 I、30 分钟完成数学 E、F

休息 10 分钟

最后攻坚、渐感疲惫：15 分钟完成物理 J、15 分钟完成英语 H、15 分钟完成物理 K

注意力较佳时可以连续学习 90 分钟、45 分钟后再休息，而注意力不太集中时可以缩短为 30 分钟或 15 分钟。

不过，我们还是需要有意识地培养自己中长时间的注意力。例如，30~45 分钟的专注长度。因为一旦专注时间过短，就可能无法应对一些标准考试。要知道，高考的语文、数学、英语都是 2 个小时及以上的考试时长。

这种方法和"番茄时钟法"类似但又不完全相同。前者强调专注等长的番茄钟后科学休息，而这种方法更加强调评估注意力，一旦感到长时间专注后有点儿疲惫便可切换任务。

读者可以在理解这两种方法的原理后自由灵活地选择其一，也可以结合两者并加以融合、改进，探索出更适合自己的专注方法。

【本节知识点回顾】

1. 人们比想象的更容易分心：驯服大脑中的"野兽"势在必行。

2. 高效专注 8 小时的 "3+3+2" 模式：上午、下午、晚上分别专注 3 小时、3 小时和 2 小时。

3. 注意力的质量有高低：上午是名副其实的黄金时间。

4. 利用断舍离原则打造提升注意力的学习环境：只保留最少的必要物品。

> 5. 番茄时钟法：以 25 分钟为一个番茄钟，每个番茄钟结束后获得一个 5 分钟的短休息，累积 4 个番茄钟可以获得一个 15 分钟的长休息。
>
> 6. 让大脑保持新鲜感：定时切换不同的任务。

4.5 科学休息：会休息才能更高效

科学休息也是一门学问。

"只工作不玩耍，聪明孩子也变傻。"

俗话说得不错，劳逸结合，才能身心健康。

只追求连续学习一定是不现实的，但加上科学休息，就使长时间专注学习变成了可能。既能高效学习又能放松休息，这么好的事，我们可千万不要错过！

4.5.1 谷爱凌一天要睡 10 小时

在谷爱凌取得 2022 年冬奥会自由式滑雪冠军后，"谷爱凌学习法"也一度得到了人们的关注。令大多数人意想不到的是，谷爱凌觉得她的学习秘诀竟然是睡觉！

谷爱凌除了在体育上有非凡的成就，还在 SAT（美国高中毕业生学术能力水平考试）中取得了 1580 分的高分（满分 1600 分），被斯坦福大学录取。所以说谷爱凌是全能"学霸"一点儿都不为过。

谷爱凌的妈妈曾经在一次采访中说："我对谷爱凌的教育就 3 点：第一是多睡觉；第二是学习；第三是玩。"

在问及为什么一天能高效专注地完成很多事情时，谷爱凌自己也表示:"我的答案都是因为睡觉。我妈妈教会我的最重要的就是这个。我每天晚上至少睡 10 个小时,因此我从小到大都有非常多的能量。"

其实,睡觉也是学习的一部分。科学研究表明,睡眠对理解知识、记忆都有促进作用。

首先,睡眠可以帮助理解知识。

对!没错!

睡一觉起来后,你可能会发现,不懂的知识突然弄懂了!

这种现象在脑神经科学中称为"记忆恢复"。记忆恢复是指大脑在睡眠时,对信息进行整理,从而对新知识加深理解的现象。

在睡梦中,大脑里的海马体仍然在工作。在学习新知识时,海马体会进行"编码",之后这些信息会在海马体与大脑其他部分的"沟通"下,被分配到身体的其他部分。

在慢波睡眠的刺激下,清醒时传递进海马体的信息会不断被激活,信息会被整理。因此,睡眠能加深知识理解。

有一种理论是,人之所以会做梦,就是因为海马体会不断探索存储进大脑不同信息之间的联系。

打个比方,如果你梦到数学老师在教你打篮球(在现实生活中几乎不会发生),就是你的大脑在尝试把记忆碎片"数学老师"和"打篮球"这两件事建立起联系——我就做过这样的梦,因为很奇特,所以印象深刻。

其次,睡眠可以加深记忆。

曾经有一组科学实验测试了学生在刚学新知识后"立马考试"和"睡一觉后再进行考试"的效果,结果发现,"睡一觉后再进行考试"的学生成绩明显会比"立马考试"的学生成绩好很多。

该实验选取了 40 名学生(10~14 岁)作为实验对象。第一组学生在上午 9:00 学完知识后,在当天晚上 9:00 就进行测试。第二组学生同样是在上午 9:00 学完知识后,但在睡一觉过后的次日上午 9:00 进行测试。对照实验的结果如图 4.3 所示。

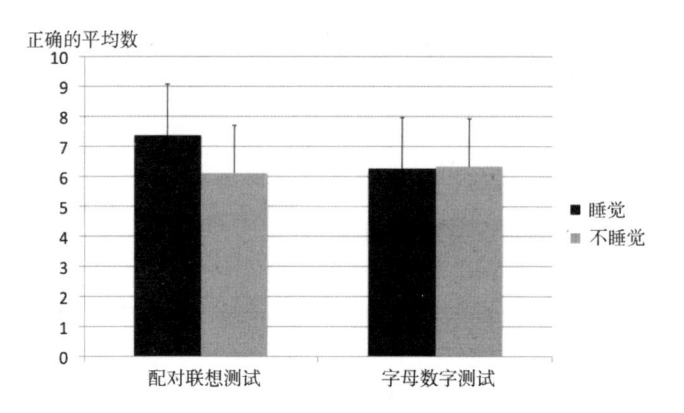

图4.3 对照实验的结果

在"配对联想测试"中,需要学生把特殊事件按照背景对应起来,考查的是记忆力。第二组学生成绩比第一组学生成绩平均高20.6%。

而在"字母数字测试"中,需要学生把听到的乱序数字和字母进行有序排列,考查的是分析解码能力。两组学生的成绩差不多。

这说明,睡眠对记忆有明显的促进作用。

另外,睡眠时长也会影响学生的学习力。

在麻省理工学院杰弗里·格罗斯曼教授和约翰·加百利教授的科学研究中发现,睡眠时长对学生成绩的影响是巨大的。

一开始,这两位教授想研究运动对学生学习成绩的影响,于是邀请了100位麻省理工学院的学生佩戴24小时的运动手环。结果显示,睡眠对学习成绩的影响比运动更显著。

在算出受邀学生的平均睡眠时间和接下来11次的测验结果后,两位教授发现睡眠时长和学生成绩的关系几乎是一条正相关的直线!

另外,如果不能保证几点入睡,保证时长更重要。假如是7小时的睡眠时间,22点入睡、0点入睡和凌晨1点入睡的学生在学习成绩上没有显著差异。但是一旦超过凌晨2点入睡,即使保证了7小时的睡眠,学习成绩也呈现下降趋势。

所以，多多睡觉、睡个好觉——真的可以帮助学习！把觉睡好，是的确可以提高学习力的。平时，只要保证 7 小时的睡眠以及不熬夜，就可以满足大脑恢复的基本需求。在这 7 小时的睡眠里，大脑会自动进行整理信息、联想信息等，我们只需"躺平"任其发生即可。

做个"睡商"高的学生，学习起来一定会更加得心应手。

4.5.2 "一万小时定律"的背后是"三万小时的睡眠"

在广为流传的"一万小时定律"背后，其实是"三万小时的睡眠"！

曾经有人专门做过一个统计（图 4.4），假设现代人的平均寿命为 79 岁，那么将花 33 年睡觉，13.2 年工作，11.4 年对着电子屏幕（手机或电视），4.6 年吃饭，3.1 年休假，1.4 年运动，1.3 年社交，334 天在校学习……剩余的时间将用来处理生活琐事（化妆、打扫卫生）、通勤、看演出等。

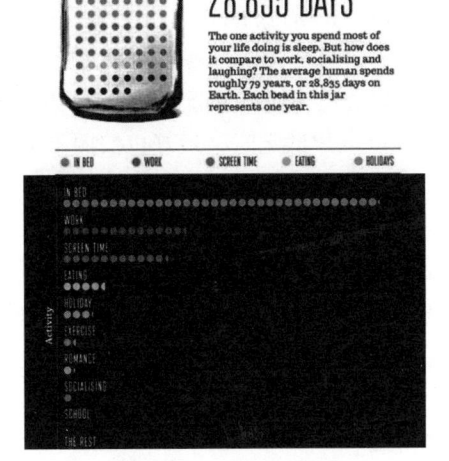

图 4.4　人生时刻统计表

睡眠时间赫然位列第一,并且是工作时间的 2.5 倍。

世界上很多名人都非常注重睡眠,并以此保证自己的高效产出。

2018 年,亚马逊的创始人杰夫·贝佐斯曾在接受《华盛顿经济俱乐部》的采访时表示:"对我来说,我需要 8 个小时的睡眠时间。这样我能够更好地思考,精力更充沛,心情也更好。"

日本作家村上春树的作息规律是出了名的。他曾经在《当我谈跑步时,我谈些什么》里讲述过自己的作息时间。村上春树每天清晨 5 点起床,晚上 10 点前就寝,中午常常午睡。关于午睡,村上春树这样说:"假如人世间没了午睡这种东西,我的人生和作品说不定会显得比现在暗淡,更难亲近。"

由此看来,懂得珍惜和利用好睡眠的人,更能高效地完成挑战性的任务。那么,有没有一些关于睡眠的黄金准则,可以帮助我们更好地学习呢?

以下 7 条睡眠小贴士可以给大家参考。

1. 最好每天固定时刻醒来(包括周六和周日)

固定时刻醒来可以避免出现"时差综合征"。因为人体内部的细胞都是按照一定时间运转的,所以打乱作息很可能会损害健康。

例如,经常产生时差可能会使海马体内细胞受损从而导致记忆力下降。这也是为什么航班公司一般很少调整空乘人员的飞行时间表。

即使周六和周日可以睡懒觉时,最好也按照平常的作息规律起床、睡觉。

2. 适当午睡

如果前一天没睡好,也不要睡回笼觉。

可以先起来吃早饭、学习一会儿,等到中午时睡一个 30 分钟到 1 小时的午觉即可。但是,如果已经超过下午 3 点,最好也不要午睡了。因为再次午睡将会造成夜间更难入睡。

3. 避免摄入咖啡因

有研究表明,对有睡眠障碍的人来说,如果想要在白天保持清醒,最好的办法是不摄入咖啡因。

因为人体需要 8 小时左右的时间代谢咖啡因，所以如果本身作息不规律，再加上无法代谢的咖啡因干扰，人体生物钟只会更加混乱。

4. 入睡前把灯光调暗

就像太阳光能促使大脑分泌血清素让人清醒一样，入睡前把房间内的灯光调暗也是在向大脑发出信号：你该睡觉了。

我曾经发现自己在戴上蒸汽眼罩后入睡更快，但同时醒来的时间比平时更晚一些。这可能是因为蒸汽眼罩遮蔽了眼部光线。

即使是夜晚，现代人的房间里也会有路灯的光、对面邻居的灯光和空调小夜灯等非自然光线进入，"光污染"就在我们每个人身边。从早上四五点开始，太阳光线就会逐渐变化，而蒸汽眼罩把眼睛遮得严严实实，人为干预了自然光线的唤醒过程。

5. 即使睡不着，也不要看手机或起来看书

如果睡不着，在安静的房间里闭目养神是最好的方法。不要打开手机看信息，也不要工作或看书，因为人脑一旦开始信息输入，就会往"清醒模式"发展。

如果你是那种听音乐就会兴奋的人，我建议不要放音乐或听书。放音乐和听书也是一种信息输入，听入迷后的结果很可能是越来越不想睡觉，我就是典型的例子。

后来我发现，就安安静静地躺在床上才是最容易入睡的方法。

6. 保证睡眠时长

刚刚出生的婴儿可能一天要睡 14~17 个小时，而对成年人来说，美国国家睡眠基金会给出的建议是 7~9 个小时。

为大卫·贝克汉姆制订睡眠方案的运动睡眠大师曾提出"R90 睡眠修复方案"。他指出，人的基本睡眠周期时长为 90 分钟，而一次睡眠正常来说会由 4~5 个睡眠周期组成。

所以，我一般会选择睡 1.5 小时的整数倍——7.5 小时。例如，如果第二天计划早上 7 点起，那么倒推回去，在前一天晚上的 11:30 要入睡。

但是，我们也要留出一点儿入睡前整理状态的时间，所以最好在晚上 11:00 就结束洗漱、安稳地躺在床上。

7. 户外锻炼

经常到户外锻炼，也有助于睡眠。

俄勒冈州立大学的科研团队发现，每周进行 2.5 小时中等强度体育锻炼的人的睡眠质量能比不锻炼的人高出 60% 以上。此外，太阳光线还可以帮助人们调节生物钟，而人工光线是做不到这一点的。

所以，不要刻意逃避学校里的体育课。以前我总想着利用体育课自由活动的时间写作业，看似"偷懒"，实则少了必要的运动，反而会愈加地不精神。

4.5.3 利用"昼夜节律"恢复精力

大自然很神奇，千百年来的基因传承和进化让人类体内有一套内置的"昼夜节律"。简单来说，"昼夜节律"就是人体运转的生物钟。遵循"昼夜节律"而不是打破它，更有利于我们的健康和学习。

2017 年，诺贝尔生理医学奖颁给了 3 位美国遗传学家：杰弗理·霍尔、迈克尔·罗斯巴希和迈克尔·扬。他们发现了控制"昼夜节律"的分子机制，指出生物体内的生物钟能够调剂激素水平、睡眠、体温和代谢机制等。

在人类的进化过程中，就自然而然地有了"人体生物钟"，这就是"昼夜节律"。依照"昼夜节律"，我们可以更好地学习、工作和恢复精力，从而让自己保持最佳状态。

人体内有哪些"昼夜节律"呢？下面进行具体说明（图 4.5）。

02:00 睡眠最深

04:30 体温最低

06:45 血压上升最快

07:30 停止分泌褪黑激素

08:30 肠蠕动正常
09:00 睾丸激素分泌最多
10:00 警戒性最高
14:30 协调性最佳
15:30 反应速度最快
17:00 心血管效率最高，肌肉力量最大
18:30 血压最高
19:00 体温最高
21:00 开始分泌褪黑激素
22:30 肠蠕动抑制

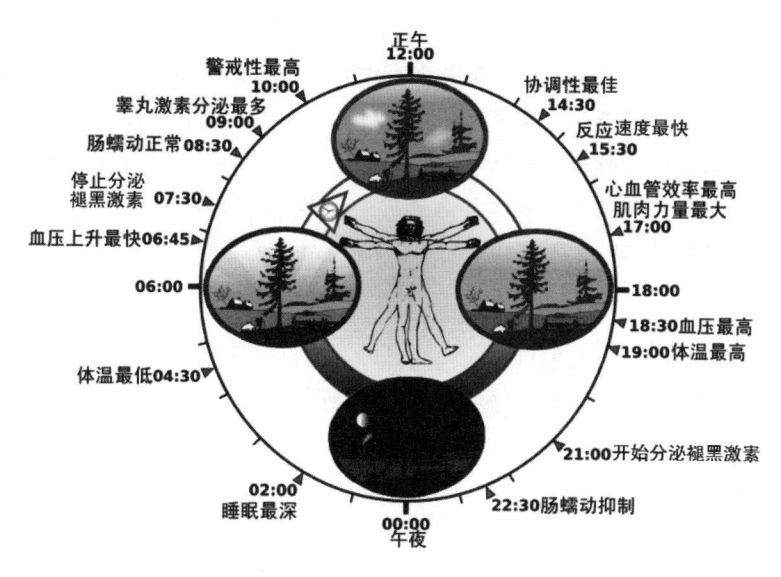

图 4.5 "昼夜节律"时刻表

利用好人体的"昼夜节律"，可以科学饮食、积极运动、调整睡眠，从而恢复精力。这样学习起来会更有精神，注意力也更能集中。

有关饮食，首先是限制自己一天内的进食窗口，吃好早、中、晚三顿饭后，要有意识地与吃零食的冲动相抗衡。在起床后 1 小时内吃早餐

最佳，不要太早也不要太晚。同时，入睡前的 3 小时最好不要再进食，因为 22:30 后肠蠕动会减弱。这样做是为了让肠蠕动更加规律，从而保持健康。

清晨和下午 4:00 以后是运动的大好时机。清晨运动有助于血清素的分泌，让人神清气爽。而下午是心肺功能最强大的时候，户外锻炼也有助于骨骼肌的生长。在入睡前的 2 小时最好不要进行剧烈运动，因为运动会刺激肾上腺素的分泌，让人太过激动而睡不着。

睡前 2 小时是黄金记忆期。还记得吗？我们说过睡眠会帮助巩固记忆。在睡前把需要背诵的英语单词、古诗词和数学公式定理拿出来过一下，睡醒后可以记得更牢。我在读高中时，很多背诵任务都是在睡前完成的。

高三时，隔壁班的班长是一个写作文很厉害的女生，她高考顺利考进了北京大学经济系。北京大学毕业后，她选择了去哈佛大学攻读博士学位。因为作文每次都会被语文老师当作范文印给全年级学习，所以全年级的同学都认识她。在一次交流会上，她说："我积累作文素材的办法就是坚持每天睡前阅读 30 分钟。"

这也说明了，睡前的黄金时间可以用来背诵知识和积累作文素材。

人体是一台精密的仪器，我们最好遵循自然规律而不是打破它。目前，"昼夜节律"的理论已经被广泛应用到调整运动员作息和睡眠质量、身材管理、时间管理、科学学习等方面。

即使是最高水平的运动员，其成绩也会在一定区间内波动。作为学生，人生中总有几次大型考试需要我们全力以赴。只有利用好"昼夜节律"把身体状态调整到最佳水平，才更有利于在考试中稳定发挥。

当然，最好的发挥就是"稳定发挥"。超常发挥可遇不可求，能够逐渐提高学习水平并稳定发挥，平日里就得多下功夫。

不要熬夜、早睡早起、积极运动、健康饮食——这些看起来老生常谈的道理，背后都对应着"昼夜节律"。如果能以稳定向好的状态参加高考，那么考上理想大学是非常顺利的事。

虽然个体有差异，但是我相信大部分人在体验过上述自律的建议后，还是会更喜欢精力充沛的自己。毕竟，谁会不喜欢高效专注又轻松地提高学习成绩呢？

【本节知识点回顾】

1. 科学休息：只有学会休息，才能真正学会高效学习。

2. 睡眠对学习的促进作用：睡眠可以帮助理解知识，睡眠可以加深记忆，保证睡眠时长能提升整体学习力。

3. "一万小时定律"的背后是"三万小时的睡眠"。

4. 昼夜节律：遵循人体的"昼夜节律"，可以保证精力充沛。

【本章重点回顾】

1. 专注力不仅仅是天生的，更可以通过后天训练得到提高。

2. 识别并管理"分心物"。

（1）分心物共有4种类型：可控的内部分心物、可控的外部分心物、不可控的内部分心物、不可控的外部分心物。

（2）警惕电子产品带来的分心：摆脱刷手机"惯性"。

3. 正确应对拖延症。

（1）拖延症的6种类型：完美主义型、焦虑人格型、过度工作型、压力促进型、梦想家型和对抗型。

（2）打败拖延症的秘诀：细化执行颗粒度，直到完成每一步都毫不费力。

4. 保持4小时以上的专注。

（1）高效专注8小时的"3+3+2"模式：上午、下午、晚上分别专注3小时、3小时和2小时。

（2）注意力的质量有高低：上午是名副其实的黄金时间。

（3）利用断舍离原则打造提升注意力的学习环境：只保留最少的必要物品。

（4）番茄时钟法：以25分钟为一个番茄钟，每个番茄钟结束后获得一个5分钟的短休息，累积4个番茄钟可以获得一个15分钟的长休息。

5. 只有学会科学休息，才能真正学会高效学习。

第 5 章

心流状态，开启沉浸式学习

心流状态是一种沉浸式的学习/工作体验，能让人忘我，在学习/工作中感到极大的愉悦，从而带来极致的幸福体验。

这种状态美好而少见，但一旦出现就会留下无比深刻的感受，让人想再次进入心流状态。前人对心流的研究表明，心流并非少数人的专属，各行各业的人都能体会到心流。在学习中，我们也可以努力向心流状态靠拢，争取开启沉浸式的学习模式！

5.1 什么是心流状态

心流是一种沉浸在某件事上、忘却自我、不知时间流逝，极度专注、快乐、自然流畅进行且难以描述的状态。

之所以难以描述，是因为体验过这种心流的人也无法给出一个清晰准确的定义，甚至很多人在形容心流时也会采用"难以名状"这样的词。

在学习、工作上，都有顶尖人士曾表示有过心流体验。体验过心流的人，都会在事后感到无比的快乐。了解心流是什么、产生原理以及触发机制，将帮助我们更专注、高效、快乐地学习。

5.1.1　心流是沉浸式的极致体验

最初提出心流概念的是米哈里·契克森米哈赖，他出生于南斯拉夫，父亲是匈牙利外交官，后来在美国芝加哥大学获得了博士学位，之后一直在大学从事心理学教学工作，直至退休。

由于青少年时期在动荡中成长，米哈里发现身边的人很少能经受得住战争带来的创伤，因为社会的动荡、家园的失去以及失业带来的经济压力，人们很少能过上满足又幸福的生活。所以，米哈里开始研究"如何让人们的生活变得有意义、更快乐"这一问题。在尝试过宗教、哲学、艺术等诸多领域后，米哈里最终意外地与心理学结缘。

米哈里发现，虽然在 1960—1990 年这 31 年间，美国社会的经济水平持续增长，但在调查中说自己"很幸福"的人在整个社会中的比例一直维持不变，并且这个比例为 30%~40%。

这就说明，当达到一定的经济水平后，人们的幸福指数和收入并没有直接的关系。与此同时，米哈里团队在进行了大量采访后，发现各行各业的专业人士都曾在**工作中体验过一种极致忘我、专注带来的沉浸式快乐**。由此，米哈里提出了心流的概念。

关于"心流状态是什么"这个问题，米哈里曾在公开演讲中公布过他和团队采访过的受访者回忆。下面通过几段节选的描述体会心流状态。

米哈里和当时美国一个很有名的作曲家进行了多次谈话，完整的对话长达 40 多页讲稿。当作曲家被问到是如何沉浸在音乐中谱曲时，他非常激动地说了以下这段话：

"当你完全入迷后，就到达了一个仿佛自己不存在的世界。我时常体会到这种状态。我的手好像脱离了身体，同时，我与现在正在发生的一切都好像毫不相关。我只是静静地坐在那里，凝视着这种令人敬畏又美妙的场景，而音乐就自然而然地自己流淌……"

除此之外，米哈里及其学生还采访了许多在各领域深耕超过 10 年的专业人士，有一位诗人在接受采访时，同样以兴奋入迷的状态描述了他专注创作时的感受：

"这种感觉就像打开了一扇悬浮在空中的门，而你要做的就是旋转门把手并推门进入，使你自己完全沉浸其中。你无法强迫自己通过这扇门，你只能悬浮其中。如果说存在重力，那则是一种来自外界的、阻止你打开天际之门的阻力。"

一位专业滑雪运动员则这样说：

"它就好像其中一种程序被启动了。我的意思是，所有事情都在正确运行、所有事情都感觉非常棒……这种体验有点儿像急流，你可以感受到它可以一直持续，而你不想它停止，因为所有事情都太顺畅了。你几乎不用思考，所有事情都好像自然而然地发生。可以说你就像一名自动驾驶的飞行员，不用有任何想法。仿佛有音乐传来，但是你意识不到，因为你已经是音乐的一部分了……"

类似的对话还有很多，通过这3段描述，我们大致可以清楚进入心流状态是一种怎样的感受。

米哈里把关于心流的研究成果写成了两本书——《心流：最优体验心理学》和《发现心流：日常生活中的最优体验》。通过研读这两本书，可以总结出关于心流状态的几个基本认知。

第一，不仅仅是学习，在人类从事的各种活动中，只要条件满足，几乎都能触发心流状态。

第二，专注不等于心流，极度专注不等于心流。是专注让你得以进入心流状态，而不是进入心流状态后才变得专注。

第三，进入心流状态是需要克服一定阻力的。

第四，在心流状态中，人们感受不到时间的流逝。几小时过得如几分几秒一样快。

第五，心流过后，人们会感到非常快乐。

体验过心流的人都会享受其中。一方面，完全沉浸于手头的学习、工作，能在其中获得巨大的满足感与成就感；另一方面，心流能激发人的潜力，让人在专注、忘我、沉浸的状态下提高技能。

我曾在自学时体验过心流状态（当时还不知道这种状态称为心流）。当时是学期进行中的一个周末，我正在做数学题，只觉得做的题有点儿难度但我确信可以应对，时间过得很快，因为我在抬头时才发觉竟然过了一个半小时！而我感觉才过去几分钟。但我不知不觉就把一章的题目做完了。那种流畅学习的感觉实在太棒了，所以至今印象很深刻。

还记得当时我在心里暗暗地说，以后每次学习都要像今天这样专注。但我发现，这样的状态可遇不可求，因为下一次我非常努力地想要重现心流状态，但结果是没那么成功。

直到后来，我才接触到心流的概念。冥冥之中感觉这个词可能与我多年前的沉浸式体验相关，所以特意查了相关资料，结果发现我沉浸在学习中的经历正是心流状态，也才知道触发心流是需要满足一定条件的。

对普通人来说，虽然心流不是经常有，但调查显示，各行各业、不论学历背景以及年龄、性别，只要满足了一定条件，就能开启心流。了解心流是主动开启心流模式的第一步，达到米哈里所说的"最优体验"，心流离你或许只有一步之遥。

5.1.2 心流的惊人力量

米哈里在提出心流概念时，其初衷是为了帮助人们变得更加幸福。在我看来，心流的指导意义已经不仅仅局限在提升注意力、提升学习成绩等方面。

要知道，《心流》这本书于 20 世纪 90 年代出版（当时的米哈里已经年过半百了），米哈里基于多年的研究，在健康生活、精神健康、探索内心等方面用心流理论给出了不少建议，也让我感叹于心流的惊人力量。

心流的第一种力量是能让人们更快乐。

心流体验者在心流状态过后都会感到由内而外的快乐。在心流状态时，人们因为专注所以不会产生专注以外的其他感觉，但是等到手头的任务结束，就能感受到沉浸式专注带来的"巅峰快乐"。米哈里曾在书中说，心流是一种让人"上瘾"的体验。

摄影机设备检查工程师的工作是每天检查数百台摄影机的运转是否正常。在旁人看来，这是一项重复、单调的工作，但工程师乐在其中。他能够在 28 秒内就完成一台摄影机的检查，而他人可能需要 40 秒以上，这个效率是他人远远无法匹敌的。与此同时，他经常能在工作中体验心流状态，这令他对所从事的工作感到非常快乐。

前面说过，在人们的经济水平越过温饱线后，单纯经济上的增长带给人们的快乐是有限的。而心流的这种快乐，是任何人都能追寻到的、超越金钱的快乐。

心流的第二种力量是有精神治愈之效。

米哈里在收集案例时发现，心流竟然成功让一位精神障碍患者的精神状态恢复到了正常水平！

有一位女精神障碍患者在给自己修剪指甲时精神状况明显好转。随后，她的医师便让这位精神障碍患者给其他患者修剪指甲。结果，长此以往，这位女精神障碍患者的精神状况大幅好转，成功出院后，甚至还开了一家修剪指甲的门店并以此谋生。

由此可以看出，达到心流状态有精神治愈之效。人们总说要找到内心真正热爱的事物，因为唯有热爱才能创造奇迹。

虽然每个人可能喜欢的东西不一样，但是在做自己喜欢的事情时，心情是很愉悦的。这种愉悦的感受，能疗愈人们的心灵和创伤。

心流的第三种力量是能让人重新认识学习与工作。

谈起学习与工作，可能大多数人会觉得学习与工作不如看电视、刷手机有趣，但实际上，很多的心流体验都发生在做挑战性任务的过程中。

换言之，能让人真正感到快乐的事物，反而是在学习与工作中产生的。

英国作家、戏剧家杰罗姆·克拉普卡·杰罗姆曾说：

"只有在你工作堆积如山时，你才可能享受闲暇。当你无事可做时，空闲就变得一点儿也不有趣，因为空闲就是你的工作，而且是最耗人的工作。闲懒和吻一样，当它被盗走后，它的味道才是甜的。"

和大多数人想的不一样的是，闲暇时所做的事情将决定你的快乐程度。这种影响不仅仅只针对闲暇时刻，也会延续到学习与工作时刻。

瑞士苏黎世大学的布鲁诺·S.弗雷教授曾经做过一项关于"看电视是否会让人们更开心"的研究，结果显示，人们不仅常常低估自己花在电视上的时间，身体状况也比其他人更差。同时，重度电视依赖者的焦虑感比常人更加强烈。

以上的研究表明，或许我们需要重新认识学习与工作。刷手机、看电视、打游戏对现代人来说或许早已习以为常，但你是否曾在这些方面花了大量时间而在心中感到怅然若失？是的，这些活动只能在较低层次上带来短暂的快乐。

真正较高层次的、较为持久的快乐往往来自在学习或工作上的进步！

所以，从让自己真正开心、幸福的角度来说，作为学生最明智的做法就是尝试真正享受学习，而不是对学习有排斥心理。

【本节知识点回顾】

1. 什么是心流：心流是人们在学习或工作中一种极致忘我的专注状态。进入心流状态的人往往感觉时间流逝飞快，并能在其中感受到极致快乐。

2. 心流的惊人力量如下。

（1）心流能让人们更快乐。

（2）心流有精神治愈之效。

（3）心流能让人重新认识学习与工作。

5.2 进入心流状态的方法

如何主动触发心流，沉浸式学习？在米哈里等前人的基础上，我们可以确定心流是有一定的触发机制的。只要满足触发条件，任何人都可以有体验心流的机会。即使心流状态可遇不可求，也一定可以达到"微心流"的状态。

5.2.1 心流的7个触发条件

在米哈里团队关于心流的研究中，他们一共采访了8000多个人，其中有成功的企业家、世界顶级运动员、著名诗人、音乐家、登山者、寺庙里的出家人、农场的牧羊人等，这些受访者都喜欢自己正在从事的工作。

米哈里团队通过研究发现，不论受访者在何时何地、不论教育背景如何，只要存在7个条件，就能触发心流状态。这7个条件分别是：

（1）全神贯注——完全沉浸于正在做的事。

（2）明确目标——清楚地知道目标、步骤是什么。

（3）及时反馈——清楚地知道任务的执行进展如何。

（4）拥有能力——有能力应对挑战、能够深度且毫不费力地参与其中。

（5）超越自我——不对自身焦虑、忘却自我的存在。

（6）时间飞逝——聚焦当下，几小时就像几分钟一样流逝。

（7）内在动机——喜欢自己正在做的事。

在关于心流的基本认知中，我们提到：

1. 全神贯注

全神贯注只是进入心流的触发条件之一：先做到了全神贯注才有可能进入心流状态。我们可以用番茄时钟、打造断舍离极简学习环境等帮助自己更快速地专注。同时，在初期，我们需要克服分心的阻力。

如果你认为"只有所谓的意志力不强的普通人会分心"，就大错特错了。不论是普通人还是世人眼中的大师，都有分心的时刻。

即使是达·芬奇这样杰出的人物，也备受分心之苦。在有关达·芬奇的传记中曾指出，达·芬奇曾试图用药物缓解他极易激动的情绪和容易注意力涣散的毛病。达·芬奇一生只完成了不超过20件完整的作品——虽然他的手稿长达1万多页。最负盛名的《蒙娜丽莎》花了达·芬奇足足16年才完成。

所以，分心对人类来说，都是太正常不过的事。我们要做的，就是抵抗并管理分心物、有意识地训练自己的注意力。

关于注意力的问题，米哈里曾提出"精神熵"的概念。学过化学的都知道，"熵增定律"指出：在没有外界干扰的情况下，系统总是自发地趋向于无序。类似地，米哈里的"精神熵"就是在内心的无秩序情况下产生的。

能够对抗"精神熵"，也就能够对抗注意力涣散的问题。对此，米哈里指出，要把注意力从关注自身的欲望转移到本身从事的学习、工作任务上来。因为注意力如果关注自身大于事物，则会不可避免地受到欲望干扰。

2. 明确目标

明确目标是指清楚地知道目标、步骤是什么。与心流状态完全相反的状态是浑浑噩噩而不知所以。作为学生最常发生的一幕就是：当注意力涣散时，虽然身在课堂，但心思可能早就飘到九霄云外了，更别提清楚地知道每节课的知识点框架和重点在哪里了。

明确目标的要求其实较高，因为这里的"目标"是"目标+行动步骤"。对新手来说，可能对每个任务阶段的目标和具体步骤不甚了解。

米哈里也曾在公开演讲中表示，他在采访达到心流状态的专业人士时，这些专业人士往往已深耕行业长达10年之久。例如，作曲家在叙述心流状态时特意描述了自己手指感觉的微妙变化——这对不会弹钢琴或刚刚弹钢琴没多久的新手而言，是无法敏锐地察觉出来的。

3. 及时反馈

及时反馈是指在任务进行时，执行者清楚地知道任务的执行进展如何，即对实时进展要了如指掌。这要求任务执行者熟知任务步骤，同时保持高度专注的状态。

美国纪录片《徒手攀岩》讲述的是世界顶级攀岩者的故事。主人公艾力克斯·霍诺德在没有任何绳索和安全设备的情况下徒手登上了优胜美地国家公园的首长岩，堪称攀岩史上的壮举。他在采访中曾表示，自己的注意力是随着地形、岩石的走向而及时变化的，越是艰难的地形，他的注意力就会越集中。每走出一步，攀岩者都会确认自己所处的情境，保证没有偏离目标。

这种及时反馈的感受对心流体验者来说象征着"成功实现目标"和"产生乐趣的感受"。即使只是一个小的正反馈，也意味着离成功更近了一步。同时，人的大脑天生喜欢"获得关注、获得奖励"的感觉，及时反馈会让大脑产生兴奋的感觉从而让人享受其中。

4. 拥有能力

拥有能力是指有能力应对挑战、能够深度且毫不费力地参与其中。

心流产生的条件恰好是"高难度的挑战＋高水平的技能"。如果挑战难度过高，而自身技能不够，则会产生焦虑。如果挑战难度很低，自身技能无用武之地，则会产生松懈。

笃信自己拥有能力是进入心流的必备条件之一。这是一种恰到好处的临界状态，既不会因为任务艰巨丧失信心、左右为难，也不会因为能力过高而觉得索然无味、产生松懈。

米哈里曾采访过一位技艺高超的棋手，棋手把这种感受描述为"有一种幸福感并能完全控制我的世界"。许多极限运动的受访者表示，如果要给心流体验的要素排序，高度控制感是排名第一的。

5. 超越自我

超越自我是指不对自身焦虑、忘却自我的存在，可以理解为与正在做的事物融为一体，"自我"已经成为"事物"的一部分。此时，知觉甚至可以用"泯灭"形容，人与行动完美地合二为一。

超越自我是全神贯注带来的产物。因为全部注意力已经投在了行动上，所以根本没有精力再分出"一丝的知觉"察觉自我的感受。这也是为什么心流的快乐往往在心流结束后才能体会，因为当你全神贯注时，用于察觉快乐的那一丝丝知觉也被用来专注了。

6. 时间飞逝

时间飞逝是指在心流状态中，人们会聚焦当下，几小时就像几分钟一样流逝。米哈里曾表示，"时间感异常"是大多数心流状态者都有的特征，但他也论断"时间感异常"的表征是一种极端专注下的副现象，是心流本身固有的特点。

7. 内在动机

要做出原创性贡献，必须非理性痴迷。

——《纳瓦尔宝典》

内在动机是指达到心流状态需要人们从内心真正喜欢自己正在做的事。人们常说，做喜欢的事就丝毫不觉得费力，而做不喜欢的事就如坐针毡、如芒刺背、如鲠在喉。

"世界上怎么有人会疯狂地热爱工作/学习？"

事实上，这些人喜欢沉浸在工作/学习中的感觉。从内在动机上来说，他们喜欢因此带来的成就感、满足感，他们能从困难中体会到解决问题的快乐。

著名的奈飞公司以独特的企业文化著称，在《奈飞文化手册》一书中指出，奈飞在成长过程中遇到了很多挑战，最大的一次危机来临时，奈飞裁撤了很多高管。

结果，奈飞的总裁发现，这样做之后，基层员工不仅没有表现得比原先更差，反而工作效率比原先更高。由此，奈飞开始给予员工更大的自由，如"休假自由"等，因为奈飞相信他们的员工都有享受工作的内在动机。

我常常想，我们每个人都有自己的"天赋异禀"，就看孩童时有无父母引导发掘、长大后自己能否向内求索。如果我们幸运地找到了原动力，那么不论是学习还是工作，一定都会是羡煞旁人的工作状态！

5.2.2　心流可遇不可求，但"微心流"一定可求

从触发心流状态的7个条件可知，心流可遇不可求，但"微心流"一定可求。

心流状态的不可求之处在于，它是一种至臻的状态。从我个人的经验来说，天时、地利、人和从而触发心流状态并没有那么频繁和容易达到。就学习来说，如果我要学习一个科目的新知识，是没有办法一下子就做到"确信自己能完全应对挑战的能力"，也没有办法"立刻就产生掌控感"。

另外，心流一般是在做自己喜欢的事情时才能产生。如果遇到不得不完成、又没有那么喜欢的任务时怎么办呢？这种情况才是在学习和生活中时常发生的。答案是追寻"微心流"状态。

如果说心流状态是沉浸式学习与工作的最高境界，那么"微心流"的状态或许是日常生活中我们可以追求的较佳境界。

"微心流"更适合新手以及应对一些不得不完成的挑战——假如我们还没有产生喜欢和享受的感觉。例如，暂时只能做到不讨厌做数学作业，或者不讨厌背英语课文等。

基于我自身的经验和对米哈里心流理论的理解，我总结了4个普通人想要达到"微心流"状态可以遵循的原则。

1. 追求进步而不是追求掌控

如果是新手，掌控感难以瞬间获得。想要出色地完成任务，就需要忍受一部分"无法掌控"带来的未知和焦虑，把"进步"当成首要追寻的目标。

例如，如果你在新学期想要学好一门偏科的学科，你的水平是能解决难度为"2星"的问题，那么在初期阶段的日常学习中，最佳办法或许不是把目标定为做出"5星"难题，而是先想办法解决"3星"问题。

我发现很多在初中、高中成绩好的同学，在学习上的心态是非常平和的。另一所市重点高中的"学霸"曾经和我说："我最不喜欢买的就是以'21天学会×××'这种格式开头的书籍，因为我不相信速成，我只相信长期持续的进步。"

高手也是从新手做起的，能进步其实就是在累积"微小的掌控感"。等累积时间长了，所下的功夫自然就能在结果上显现出来。

2. 用提问法帮助正念

"正念"是指全神贯注地做一件事情。如果全神贯注比较难做到，可以尝试用提问法帮助找回专注的感觉。

提问法是指在发觉自己走神后不断问自己：

（1）我现在正在干什么？

（2）我本来应该要干什么？

这两个问题就能把你从分神的状态重新拉回到专注学习本身。例如，考试周长时间学习后不免疲惫，但又急需聚精会神地把不会的问题解决。我就会在笔记本最显眼的地方把这两个问题写上去,每当分心时瞧一眼,就会在第一时间收到"你分心了,无须休息就赶紧再看书"的提醒。

3. 树立边界感

树立边界感是指有意识地独处学习。

大多数的心流状态是在独处的情况下发生的。这也不难理解,控制自己的所有注意力达到天时、地利、人和的状态已经有点儿难了,还要让另一个人把所有触发心流的指标都"调整到位"——这真有点儿难度。

具体来说,你可以选定一个独处的学习空间,和家人或朋友约定好在一定的时间和空间内不打扰你。同时,你需要清晰地知道哪些事物对你的专注毫无益处,对待这些事物最好的办法就是划定一个边界区,在区域内学习,而对区域外的东西敬而远之。

科学研究表明,人们虽然在吃饭时感到很快乐,但大脑的注意力会在吃饭时涣散。所以,边吃东西边学习,并不是一个好主意。

学习时想吃东西怎么办?要么吃完再专心学,要么专心学完再吃,总之一边吃一边学习会导致吃和学习的体验都不怎么好。既简单又省事的办法就是把零食放在边界区外。

换句话说,懂得在必要时给自己搭建个"围城"的人,会更容易进入"微心流"状态。

4. 找到必须做的重要理由

所有巨大改变的开端皆始于内心。

在学习上,很多同学会有"学习的意义是什么"这样的疑问。我虽然也思考过这样的问题,但我并没有被它困住。我的答案很简单:我想和优秀的人在一起。而想和优秀的人为伍,首先就是让自己变得很优秀。

我曾与同学聊天探讨过学习的意义,发现动机不尽相同。有的是为了从小的律师梦想,有的是敬佩科学家的科研能力,还有的是想证明自己不比他人差……这个理由,还有一个名字叫"初心"。

如果遵从人性和生理本能,对所有需要付出努力才能达成的改变,大脑的反应几乎都是：我不想做。而能否找到属于自己的强烈内在动机，才是改变的真正关键之处。怀着这样的想法，才有可能专注投入，从而进入"微心流"状态。

王阳明曾说："夫万事万物之理不外于吾心。"

一件事情，只有内心认可、找到非做不可的理由，人们才会坚持。早日找到内在动力，让必须做的理由支撑你前行。

依照这 4 个原则，普通人也可以达到"微心流"状态。当心流可遇不可求时，不妨先尝试让自己进入"微心流"状态。

5.2.3 快速进入"微心流"状态的 4 个步骤

在具体实践时，我们可以通过怎样的步骤进入"微心流"状态呢？简单来说，4 个步骤就能搞定。

第一步：先完成比较简单的学习任务。

完成简单的学习任务容易获得掌控感，所以在心不定时可以用简单任务过渡一下、找找状态。可以从自己喜欢的学科入手，也可以从不擅长学科相对简单的作业开始。

第二步：对照目标，用提问法给注意力纠偏。

对照写下来的目标，每当要分心时就用提问法给注意力纠偏。如果担心自己的注意力较差，可以把目标具体、具体、再具体。

记录下每次分心的时间点，由此可以计算出自己注意力的时长。如果任务还未完成就分心了，说明任务量和专注时长不匹配。为此，可以调整每次专注的时长或任务量，直到大致匹配为止。

第三步：只保留最基础的 4 件物品——书、笔记本、水杯和笔。

在学习时回归"原始人"的生活，这或许是件好事。创造一个极简的学习环境，告诉大脑："我要开始独立学习了！"

桌面只保留必要的 4 件物品就够了，即书、笔记本、水杯和笔。隔绝分心物很重要！这一点我们已经反复强调很多次了。我想你也不愿意让好不容易才汇聚起来的注意力轻易被打扰吧？

如果遇到需要上网查资料的问题，可以先做个记号放在那里，等手头任务完成后再集中一次性解决。

这样做后你就会发现，原来做"原始人"才是注意力最集中的时候。另外，学习时真的不需要太多的物品！

第四步：探索学习的乐趣点。

我觉得学习有趣的原因是觉得考试拿高分很酷，同时我也能在一次次进步中增强自信。因为我也学习成绩差过，所以我知道在应对自己不擅长的科目时会多么焦虑和不情愿。

为此，要适度屏蔽外界的批评和压力，给自己鼓励。假如父母、老师甚至同学都为你的弱势科目表示担忧，我也建议你暂时不要理会，告诉自己这只是暂时的，并且把注意力放在哪怕一丁点儿的进步上。

进步是最能带来快乐的体验。

我曾在网上分享过自己背单词的方法，有同学告诉我，他很羡慕英语成绩好的人，而他却因为基础没他人好而焦虑。

隔了一段时间，他向我报喜，说是坚持了一段时间单词量终于从原来的 7000 个左右提升到了 11000 个左右的水平，这巨大的进步让他觉得学习英语非常非常开心。隔着屏幕，我都能感受到他取得进步的满足感和成就感。

关于探索学习的乐趣点，这位同学做了很好的示范：如果不知道如何寻找学习的乐趣点，不妨就从努力突破一个瓶颈开始。当你突破了第一个，就会有第二个、第三个……

实践好这 4 个步骤，"微心流"状态就离你不远了！

【本节知识点回顾】

1. 触发心流状态的 7 个条件：

（1）全神贯注——完全沉浸于正在做的事。

（2）明确目标——清楚地知道目标、步骤是什么。

（3）及时反馈——清楚地知道任务的执行进展如何。

（4）拥有能力——有能力应对挑战、能够深度且毫不费力地参与其中。

（5）超越自我——不对自身焦虑、忘却自我的存在。

（6）时间飞逝——聚焦当下，几小时就像几分钟一样流逝。

（7）内在动机——喜欢自己正在做的事。

2. 如果顶级的心流状态难以迅速达成，我们可以追寻"微心流"状态。

3. 快速进入"微心流"状态的4个步骤：

（1）先完成比较简单的学习任务。

（2）对照目标，用提问法给注意力纠偏。

（3）只保留最基础的4件物品——书、笔记本、水杯和笔。

（4）探索学习的乐趣点。

5.3 探索心流，如何更好地学习

心流是一种极其珍贵的状态，我们不仅要想办法创造心流，还要想办法守护心流。

就像种树一样，如果说心流是春风吹拂、树木茂密生长的状态，那么让小树苗茁壮成长是我们守护心流的过程。好消息是，只要行为正确，定期给小树苗浇水、施肥，心流就会自然而然地"长"出来。

本节将主要探讨如何利用心流理论更好地学习，以及如何在学习和生活中保持好的习惯，让我们更容易创造、走进和守护好心流状态。

5.3.1　8种状态，你处于哪种

谈到心流理论，我们就不得不讨论心流理论坐标图，如图5.1所示。

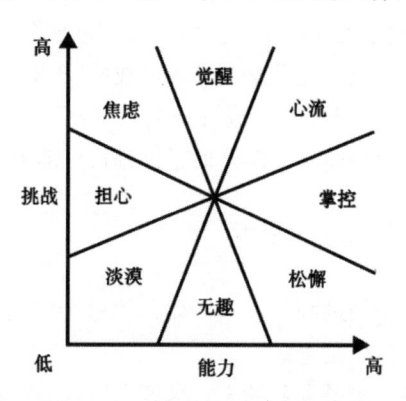

图5.1　心流理论坐标图

这是反映人们在不同挑战和能力水平下的状态图。

这幅图把人的状态划分为8种：担心、焦虑、觉醒、心流、掌控、松懈、无趣和淡漠。

这幅图有什么用呢？我们可以根据学习任务难度和自己的学习能力帮助自己进入心流状态。

例如，如果学习任务比较难，而你的能力比较弱且不足以应对时，就会感到焦虑。我在开始学习计算机C语言时就是这种状态，因为之前没有学过编程，对很多编程语句都感到陌生，所以面对有点儿难度的算法时，顿时就感觉很焦虑。

如果学习任务比较简单，而你的能力又比较强时，就会产生松懈。例如，在学校里听老师讲已经完全理解的基础题时，学生往往会松懈。

而只有当学习任务的挑战性和能力都处在高水平时，人们才会进入心流状态。

从图5.1中可以看出，心流是名副其实的"最优心理体验"。

在心流状态中，学习任务的挑战性很大，所以学习效率和效果都会提升到较高水平。同时，因为本身能力已经处于高水平，心流会更促使人们在其中不断挑战自我、提升能力，进入一个良性循环。

我们可以利用图 5.1 进行自测，调整学习状态，从而更靠近"心流模式"。如果目前的学习状态是"觉醒"或"掌控"，那么只需一点点努力（如"提升能力"或"提升学习任务挑战性"）即可进入心流状态。

如果你的感受是"淡漠"，或许你需要彻底调整一下学习状态，在提升学习任务挑战性的同时，也要加紧提升自身能力。

5.3.2　心流理论对学习的启示

如何用心流理论帮助我们学习？要回答这个问题，我们先要知道与学习、心流相关的几个结论。

第一个结论是，越是专业的人，越容易进入心流状态。

在米哈里的研究中，那些经常在自己领域进入心流状态的人，要么是深耕领域 10 年以上的专家，要么就是专业技能非常突出的人士，如专业滑雪运动员、从事多年艺术工作的作曲家等。

因为长时间的经验积累，所以专业人士更能在从事的领域内找到心流需要的掌控感，也有更多机会进入心流状态。总而言之，心流总是更偏爱优秀的人。

第二个结论是，越是主观上爱学习的人，越容易进入心流状态。

德国的一项调查显示，平时越爱读书的人，越容易进入心流状态。

这是一个良性循环。喜欢读书的人就是比喜欢刷短视频的人更能凝聚注意力，这种能力又在日常阅读中得到加强。甚至对爱读书的人来说，读书本身就能让他们进入心流状态。

第三个结论是，经常选择主动式休闲的人，更容易进入心流状态。

可能令很多人吃惊的是，闲暇时做的事也会影响心流。

主动式休闲是指从事运动健身、户外活动、业余爱好、艺术欣赏、与朋友社交等活动，而被动式休闲是指刷手机、看电视、看漫画或读不需要动脑筋的书籍等。

研究表明，看电视几乎不可能产生心流。而在学习或工作时全神贯注、配以挑战与高水准的技能、拥有掌控感——产生心流的机会将会是看电视的 4 倍！

以上 3 个结论对学习有何启示呢？

第一个启示是，把学习上的所有大小事都尽力做好。

这是为了在学习上变得"更专业"。

专家是什么？就是对一个领域内大大小小的事情都比他人更清楚的人。人们常说，想要成为什么样的人，就要先像榜样一样行动。"学霸"的基本素质就是对所学内容一清二楚。

初中时，我曾经对历史非常感兴趣。有一次历史年级测验很难，但是最终我考得很好（满分 100 分，只扣了 2 分），历史老师在全班同学面前表扬了我，说这张卷子能只扣 2 分很不容易。

我当时的学习方法就是在自家的沙发上抱着书本，对着笔记，一条一条地在脑海里"默写"知识点。我要求自己能把所有事件的细节全部弄清楚，看一课过一课，如果有不清楚的细节，就马上翻书。

那一次复习完后，我第一次清楚地体会到对知识点"心里像明镜似的"是什么感觉。我让妈妈帮我检查学习成果，随便抽查，结果我都能准确地说出任意历史事件的年份、人物和意义，所以考试前我就知道这次考试一定能考好，最后果然不出所料。

在学习上"更专业"，就是把大大小小的事情都弄清楚。好消息是，这些知识都是人类已知的、被整理好的信息，只要用心，就一定能搞明白。

第二个启示是，没事多读书，少看电视。

有一次我父母的朋友到家里做客，来者是一位和蔼可亲的阿姨，在大学里当老师。因为她的女儿很优秀，所以就谈起了对子女的教育方法。

这位阿姨说的话我至今都记得，她说："在上学时，我从来不让我的女儿看电视，尤其是电视连续剧，因为一看就停不下来。"

当时我就看到我爸给了我一个眼神，对阿姨笑着说："这真的是很有道理！"随后对我小声说："嘿，你看吧！"言下之意是叫我少看电视、多读书。

自此以后，虽然电视并没有从我的生活里彻底消失，但是基本就只会在寒暑假进入我的娱乐列表中。

从心流理论来看，"用读书"替代"看电视"是一个不错的选择。

第三个启示是，选择主动式休闲。

选择主动式休闲，会让人在玩时更快乐，在学时更专注。

学累了到户外运动一下的效果或许比刷手机要好很多。要知道，人是一个整体，休闲时刻的你也还是你。如果在休闲时刻身心得到了完全放松，在学习时也能更好地投入。

爱因斯坦曾说："如果我不是物理学家，可能会是音乐家。"

爱因斯坦酷爱小提琴，而很多著名的科学家也都很喜欢音乐。例如，袁隆平热爱拉小提琴，钱学森和屠呦呦都喜欢弹钢琴。

所以，培养一个爱好打发闲暇时间，对学习是非常有益的。

顶级大师们都有自己的爱好，我们也完全可以发掘出自己感兴趣的事物。现在看来，先成为一个全面发展、身心健康的人，再谈好好学习、提升成绩，或许才是真正合理的顺序。

【本节知识点回顾】

1.根据个人能力和任务挑战性，人在学习或工作时的状态可以划分为 8 种：担心、焦虑、觉醒、心流、掌控、松懈、无趣和淡漠。

2.心流理论对学习的启示。

（1）把学习上的所有大小事都尽力做好。

（2）没事多读书，少看电视。

（3）选择主动式休闲。

【本章重点回顾】

1."心流"与"微心流"都是沉浸式学习的状态。

（1）心流可遇不可求，真正进入心流状态需要同时满足7个条件。

（2）"微心流"状态是我们日常可追寻的状态，它更容易达到且可按照以下步骤进入"微心流"状态。

1）先完成比较简单的学习任务。

2）对照目标，用提问法给注意力纠偏。

3）只保留最基础的4件物品——书、笔记本、水杯和笔。

4）探索学习的乐趣点。

2.心流理论对学习的启示。

（1）把学习上的所有大小事都尽力做好。

（2）没事多读书，少看电视。

（3）选择主动式休闲。

第 6 章

过目不忘，记忆力养成计划

小时候看动画片，总是羡慕大雄有哆啦A梦给的"记忆面包"吃，可以在考试前一天晚上疯狂背书，然后第二天上考场胸有成竹。

后来，我发现现实生活中虽然没有哆啦A梦，但是有记忆大师的记忆宫殿。这时我才意识到，原来好记忆也不完全是天生的——掌握科学的记忆方法，普通人也可能像吃了"记忆面包"一样，记忆力蹭蹭地直涨！

6.1 "学霸"的记忆力真的都很好

如果说"学霸"有什么天赋异禀的"超能力"，记忆力好一定是其中一个。

可能有人会产生这样的疑惑："记忆力相比于理解力可能没那么重要吧？"以前我也有类似的想法，但现在回看，我越来越坚定地觉得：记忆力和理解力同等重要！

有理解力固然可以很快学习新的知识，但更为重要的一点是：知识能在脑海里停留多久？

单从做题和考试的角度来说，像语文、英语、历史、政治等文科学科有时"记住"就等于"会做"，而像数学、物理、化学等理科学科在考试时，很多公式和定理强调的也不是现场推导，而是直接记住公式就开始应用！

所以，不论是学数理化还是文史哲，记忆力好的人都会有更好的学习效果。本章将专门探讨记忆的奥秘。

6.1.1 复旦"学霸"教会我的事

复旦"学霸"芽芽最让我震惊的能力不是她的坚持，而是她的记忆力。

在高中毕业近十年的同学聚会上，芽芽跟我们说，她至今记得在场每位同学的生日。此话一出，大家都颇为震惊，也有同学表示不相信。于是，芽芽就按照座位顺序，依次准确地说出了每位同学的出生年月日，竟然都是准确的！

在场的人无不佩服！
认识芽芽十多年，她永远能不断刷新我对"学霸"的认知。

在高中时，芽芽是英语课代表，她背英语课文总是时间短且准确率高。例如，她从来只在要默写英语课文前的15分钟才开始背诵课文，每次默写还能做到满分。

除此之外，芽芽的数理化也非常厉害。关于数学成绩名列前茅，芽芽是这么说的："数学课上的题目，我听老师讲过一遍就记住了，做题时自然而然就能想起来解法。"

如果是不了解芽芽的人，很可能以为芽芽在吹牛。但是我以人格保证，上述事情绝对百分之百真实。

正因为和芽芽是好朋友，我才发现：
原来记忆力好，真的可以在学习上占很多优势！
如果你仔细观察身边的"学霸"，就会发现，"学霸"的一个共同特质就是记忆力好。

在很多影视作品中，天才型的主人公一定具有的素质就是超强记忆力，如夏洛克·福尔摩斯等。在选拔情报人员时，记忆力也是一个非常重要的选拔标准。

记忆力好的人，在观察力和专注力上都有过人之处。所以，"学霸"的记忆力好也是在学习上综合素质突出的一个表现。

自从复旦"学霸"芽芽和我说过她能一遍记住数学老师上课讲过的例题后，我也想方设法地向她学习，争取能让上课效率提高，做到知识点一次性记住——这真的是一个好习惯。

要知道，想要一次性把知识点记住，就要求上课必须保持专注，同时脑子还要一直转。有了这个意识，上课质量就能大大提高。

最惊喜的是，我发现我完成作业的速度变快了！

以前的我，总是要在课后花时间把不懂的知识点重新理解记忆一遍，而现在，拿到作业就可以做出题目，效率大大提高。

通过观察芽芽，我发现她总是能在课间或零碎的时间做作业，并且完成作业的速度很快，准确率也高！这也和她一次性就把知识点全部记住的能力密切相关。

总而言之，现在就把提升记忆力作为学习目标之一是益处多多的。

同时也请不要妄自菲薄，认为自己记忆力差是天生的。和注意力一样，记忆力也可以训练，而且还有科学好用的方法可以增强记忆力。所以，请一定要对自己充满信心。

最后再插一句，周围有优秀的同学真是一件值得开心的事情！有了他们，只要细心观察并虚心请教，总可以学到很有用的东西。

6.1.2　不仅学英语需要记忆，学数学也需要

我曾经在学习上走入一个误区：以为只有语文、英语、历史、政治等文科类学科需要背诵和记忆知识点，而数学等理工类学科则不需要。

后来，我的数学老师一语点醒了我：数学知识点也需要背诵和记忆。

那时我的数学成绩并不是很好，总是很害怕考试，自己也找不出问

题在哪儿。最后我只能把学不好数学的原因归结于"自己太笨了"。

有一次数学又没考好，我主动去老师办公室找原因。数学老师仔细帮我分析了数学试卷后，发现失分点很多并不是粗心，而是不能熟练运用已学的公式。有一些题目仅仅是变换了一种说法，考的还是课堂上讲过的例题。

数学老师鼓励我说："其实你并不笨，因为你完全可以理解上课讲过的例题。之所以考试考不好，很大的原因可能是你对知识点没有印象。要知道，如果没有印象，看到题目就不可能有下意识的反应，也就是我们所说的'题感'。"

数学老师建议我不要仅仅只记公式，上课的经典例题、作业中的数学小结论也要花时间整理背诵。

数学竟然也要背诵！这是我第一次有了"背诵数学"的意识。

所以接下来的2个月里，我就按照数学老师的建议去做。其实背诵的过程也很简单，就是每天做完作业，想一下今天老师上课讲了哪些典型例题、运用的公式及其变化有哪些、作业中有哪些下次还可以用到的小结论等。

就这样坚持了一段时间，我发现神奇的事情发生了，我开始有"题感"了！拿到一个数学题目，我开始能够捕捉到关键词，由关键词联想到曾经做过的例题。不仅做题速度大大加快，正确率也有所提高。更重要的是，我能顺利解出一些有难度的题。

按照这个逻辑，其实不仅仅是数学，还有物理、化学等理科学科，虽然说理解很重要，但是记忆同样也重要！背诵数理化知识点不仅能提高做题速度，还能根据记住的知识点进行联想和加深理解。例如，我在背诵数理化知识点后，就经常能产生这样的想法："哦！这道题和上次的那道题很像啊！"然后，我就把上次的题目找出来，进行比对，从而总结出属于自己的做题小结论。

试想，如果我对曾经做过的题目抱着一种"做过就忘"的学习态度，那么怎么进行联想、总结和归纳呢？

我认为，有一些不偏科的"学霸"之所以每门功课都能考得好，一定和他们超强的记忆力有关。

不管是"先理解、再记住"，"边理解、边记住"，还是"先记住、再理解"，只要能记住，对学习就是有益的。

父母、老师让我们从小背诵古文，当时或许并不能完全理解。但长大后的某一天，或许我们会突然想起某句古诗词、某篇古文，在彼时彼景才能完全领悟到作者的心境。

学数理化，即使暂时不能理解，也要先记住。记住后，不管是看书、做题，在汲取到有关信息后都有可能会触发"顿悟"的按钮，从而彻底理解。

【本节知识点回顾】
1. 原来记忆力好，真的可以在学习上占很多优势！
2. 文科类学科需要背诵和记忆知识点，而数学等理工类学科也需要背诵和记忆知识点。

6.2 记忆力养成计划

虽然我们不能像记忆天才一样一遍就能记住，但是对大多数普通人来说，可以无限次重复。

只要你愿意，勤快点儿，想复习多少次就能复习多少次，这样总能把难记的知识点记下来，更别提再适当地运用一点儿记忆方法。

本节将讨论一些科学的记忆方法，从而告别死记硬背，保持更持久的记忆。

6.2.1 记忆的关键在于赋予意义

学英语时，我常有这样的感受：

英语单词比无意义的音节好记。

应用场景明确的词组比单个英语单词好记。

特别是当一个英语单词有多个含义时，我一定会选择背词组，而不仅仅对着中文意思背。

在英语中，有很多单词是一词多义的。例如，custom 有多个含义：①名词 n. 风俗；海关；②形容词 adj. 定制的。

我们在背诵时，可以先找出对应例句里的词组，然后记忆：folk custom 民间风俗；custom duty 关税；custom design 定制的设计。

我做过一个实验。短期来看，死记硬背后是可以把 custom 的全部中文意思说出来的。但是过了一段时间，就会全部忘记！

然而，如果我选择着重记词组，过一段时间进行测试，对着词组也能说出 custom 的全部中文意思。

要知道，做到这点，在考试中就已经能发挥效用了。中学阶段的英语考试并没有要求每一个单词都能准确无误地拼写，很多单词只要在阅读中碰到认识即可。只要能根据情境理解表达的意思，就能做对题。

其实，这种记忆方法反映了记忆科学的一个原理：

记忆的关键在于赋予意义。

曾经有科研人员做过实验，该实验测试了人们记忆 200 个音节、200 个音节拼成的单词以及这些单词组成的诗歌所用的时间。结果发现，虽然是相同的记忆量，但人们记忆诗歌的时间最短、无序的音节用时最长。

这是因为诗歌被人们赋予了意义，而大脑更喜欢有意义的事物。

在学习上，即使已经被赋予意义的事物，也可以再发挥想象、赋予事物新的意义加深记忆。

在学白居易的《琵琶行》时，虽然已经知道了这篇古诗文的基本含义，但是还可以通过想象画面、充实细节、带入人物这3种方法加深记忆。

如果是我，我会想象自己就是白居易，在一个秋风萧瑟的夜晚，我和朋友即将分别。

读到"醉不成欢惨将别，别时茫茫江浸月"，我会给"江水倒映着月亮"的画面一个特写。

读到"寻声暗问弹者谁，琵琶声停欲语迟"，我会给自己配上一句台词："是谁在那里弹奏琵琶？"

读到"嘈嘈切切错杂弹，大珠小珠落玉盘"，我甚至能想象听到琵琶的声音，以及看见大大小小的珍珠掉落在如玉似的盘子里的慢镜头。

在给上述诗句填充好画面、细节并代入人物后，再完整地背诵《琵琶行》就会非常顺利。

提到古诗词，我还想到一件有意思的事。

我的高中同学婷婷在写了7年小说后，终于成功实现了她的梦想——成为全职小说家。在她出版小说后，我曾约她讲述实现梦想的神奇经历。

在和她交谈的过程中，我发现她在介绍自己的小说时，总是把古诗词挂在嘴边，很多是高中时期背过的名篇，如《诗经》《史记·卫将军骠骑列传》等。要知道，这些古诗词我可是早就忘得七七八八，可她还能张口就来，实在让我佩服。

原来，她在给自己的小说人物取名时，都会在古诗词中取字用典。这样一看到小说主人公名字，就会想起那句诗句，所以时隔多年，对于很多古诗词，她还记得非常清楚。

那么，我们如何给事物赋予意义呢？

总的来说，有以下5种方法：**比喻、画图、情绪融入、通感和联想**。

- 比喻

比喻记忆法就是用比喻的方法记忆知识点。

例如，在学习高中地理知识时，我们知道了地球分为地壳、地幔和地核。如果用比喻记忆法记忆，就可以把地球比作一个鸡蛋，地壳是鸡蛋壳，地幔是蛋白，而地核是蛋黄。

能够用比喻说清楚某个事物是什么、不是什么，不仅意味着能自然而然地记住它，还意味着加深了理解。

- 画图

画图也是一种非常棒的记忆方法。

加拿大滑铁卢大学曾经做过一项科学实验，实验要求受试者记忆30个单词，每个单词有40秒的时间给受试者记忆。第一组受试者被要求不断重复抄写单词，而第二组受试者被要求画出与单词有关的图案。

具体来说，如果单词是苹果，那么第一组受试者需要在纸上重复写"苹果、苹果、苹果……"直到40秒结束。而第二组受试者则需要在40秒内画出苹果的图案。

随后，实验人员让受试者参加了一些无关紧要的分心活动，如听音乐等。紧接着，则是突击记忆检测。结果显示，第二组受试者记住的单词量是第一组受试者的两倍。

上述实验表明：**画图可以让记忆量翻倍**！

实验人员还测试了几种不同的方法，如让受试者想象单词的图像、写下关于单词的描述、看与单词相关的图像……在每次实验中，用笔画出单词表示的图案效果都是最好的。

所以，如果有什么难记的知识点，拿起笔画一画！这不要求你有高超的绘画技艺，只要能够准确画出所有元素，很可能就已经记住了那些知识点。

- **情绪融入**

什么事情，一旦触碰了情绪开关，就能记忆很久。

人类会倾向于记住让自己有情绪波动的事物。例如，文学上伟大的悲剧作品常常能流芳百世，令人回味无穷。因此，在背诵知识点时，融入感情（喜怒哀乐、吃惊、激动、害怕等）让知识点鲜活起来，有助于增强记忆。

学历史事件时，背到《马关条约》，我们可以想象如果自己在现场见证历史，那种感受是多么无奈和复杂。又如背到汉武帝罢黜百家、独尊儒术，再想到从小老师要求我们背《论语》，就可以为儒学能得到正名而高兴。

把自己的感受代入需要背诵的材料，就是"情绪融入"。在背诵时多花点儿心思营造"情绪记忆"，情绪就能变成记忆提示。

- **通感**

通感是一种将人的视觉、嗅觉、味觉、触觉、听觉等不同感觉相互联系的记忆方法。"通感"一词原本来源于语文上的修辞学，是一种修辞手法，但很多记忆高手也会采用通感的方法辅助记忆。

就好像在冬天我们看到"火锅"一词，就会不由自主地想咽口水，脑海里立马浮现出热气腾腾的火锅画面，仿佛已经尝到了酱料的鲜美、闻到了麻油的飘香……

注意：这时我们只是从视觉上看到了"火锅"一词，进而触发了嗅觉、味觉，这就是通感的表现。

- **联想**

联想就是在事物和事物之间建立联系。

记忆大师纳尔逊·德里斯曾经指出，有3种方法可以帮助我们加深记忆：感官过载（SO）、荒诞性（GA）和移动属性（MA）。

感官过载就是我们刚刚讲过的"通感"，即充分运用各种感官的感觉建立记忆。荒诞性是指联想时可以尽情夸张、怪异和不合常理。移动属性是指想象的画面最好是在运动中而非静态的。

或许你已经发现，要给需要记忆的事物赋予意义，想象力是关键！

不管是以上 5 种方法的哪一种，有一个天马行空、想象力超群的大脑是最棒不过的了。

6.2.2　记忆宫殿法：超好用的高效记忆养成法

排名第一的记忆方法永远是记忆宫殿法——我们顶尖的记忆运动员现在和未来都会一直用它。如果只学一种记忆方法，那么学它就足够了。

——连续 4 届美国记忆锦标赛冠军，纳尔逊·德里斯

如果要说世界公认好用的"记忆术"，那不得不提的就是记忆宫殿法。

记忆宫殿法的英文名字是 The method of Loci，它还有好几个别名：地点法、罗马房间记忆法、旅行法、建筑记忆法等。

记忆宫殿法是指按照建筑、位置、地点等任何你熟悉的地方构筑一个"记忆之宫"。就像抽屉存放物品一样，"记忆之宫"的每个地标都可以存储记忆。

据说，古希腊诗人西蒙·尼德斯在一次宴会上正好有事被叫了出去，结果当时的宴会厅坍塌，在宴会厅内的宾客无一幸存。而因为现场比较惨烈，宾客的家属们都无法认出各自的家人，而西蒙·尼德斯则通过每个人的座位把宾客的身份一一辨认了出来。

西蒙·尼德斯用的方法就是"记忆宫殿法"。

要实践记忆宫殿法一共有 4 步：创造宫殿、确定路径、安放记忆和解码记忆。

- **创造宫殿**

记忆宫殿可以有很多个,这些记忆宫殿都可以根据需求创建。最常见的记忆宫殿是以身体部位、家或人们很熟悉的地点创造的。

例如,可以选择最常走的上学之路、身体从头到脚的部位、家里的客厅或学校的图书馆。这整个画面就可以形成一座记忆宫殿。

- **确定路径**

形成了记忆宫殿后,我们要确定一条可以在宫殿里"散步"的路径。这条路径是确定且清晰的,最好也是唯一的。

例如,把身体部位作为记忆宫殿,按从头到脚的顺序为确定的路径,则至少可以拥有以下12个记忆桩(记忆桩类似抽屉,是存放记忆事物的)。

头发→眼睛→鼻子→耳朵→嘴巴→脖子→肩膀→手掌→肚子→屁股→膝盖→脚掌。

- **安放记忆**

确定了路径后,接下来就要安放记忆。

我们可以提取需要记忆事物的关键词,并把它们依次放在记忆桩上。以海子的诗《面朝大海,春暖花开》为例,可以提取以下关键词。

面朝**大海**,春暖花开
从明天起,做一个**幸福的人**
喂马、**劈柴**,周游**世界**
从明天起,关心**粮食和蔬菜**
我有一所**房子**,面朝大海,春暖花开
从明天起,和每一个**亲人**通信
告诉他们我的幸福
那幸福的**闪电**告诉我的
我将告诉每一个**人**

给每一条河每一座山取一个温暖的**名字**

......

那么顺着从头到脚的记忆桩，可以做出天马行空的联想：

（1）头发（大海）：大海的风将我的头发吹起。

（2）眼睛（幸福的人）：眼睛笑成了一条线，我是一个幸福的人。

（3）鼻子（喂马、劈柴）：鼻子闻到青草的香味，这是要喂马的饲料。喂完马再去劈柴。

（4）耳朵（世界）：用耳朵听海螺，海螺里是另一个世界。

（5）嘴巴（粮食和蔬菜）：吃健康的粮食和蔬菜，一饱口福！

......

要记住上面这些关键词，进而联想起诗句，最关键的是在脑海里想象出一幅幅完整的画面。

如果你也尝试根据联想"造句"，逐一将身体部位和关键词对应后，就会发现要记住它们好像变简单了一点儿。这一过程就是"安放记忆"，虽然说要花点儿时间，还要费点儿心思，但记忆的持久性和清晰性会让你吃惊。

当然，也可以不提取关键词，而是直接将整句作为一个背诵单位，那么"头发"将对应的是"面朝大海，春暖花开"，"眼睛"将对应的是"从明天起，做一个幸福的人"，以此类推。

- **解码记忆**

解码记忆是调取记忆的过程。具体做法就是按照之前确定的路径，逐一走到记忆桩下，调取记忆。

此时就能看到"路径唯一"的好处，一是每走一遍记忆宫殿，对路径的记忆都会加深一次；二是按照固定的顺序，事物不会遗漏。

在 BBC（British Broadcasting Corporation，英国广播公司）出品的电视剧《神探夏洛克》中，福尔摩斯就曾对华生说："出去，我要开始进入我的记忆宫殿了！"剧中展现了福尔摩斯过目不忘的记忆能力，在他的脑海里会闪过很多场景，诸多信息涌现后，顺着线索就能回忆起关键性细节。

虽然影视剧看起来很夸张，但在现实中，世界记忆力锦标赛的冠军会让你觉得更夸张！

世界记忆大师多米尼克·奥布莱恩曾用半小时记住了 2385 个随机数字，用 26.8 秒就记住了一副打乱的扑克牌顺序，这位连续 8 次卫冕世界记忆力锦标赛的记忆冠军用的也是记忆宫殿法。

任何普通人在掌握了记忆宫殿法后，都可以拥有几十座，甚至上百座记忆宫殿。

中国的蒋卓鄋曾在第 20 届世界脑力锦标赛上获得了记忆冠军。他表示自己有 65 座小型的记忆宫殿，而每座宫殿里的记忆桩数量为 30 多个。这样算下来，他约有 65×30 共 1950 个记忆桩。对普通人来说，拥有上千个记忆桩，已经足够容纳日常所需记住的大部分事物了。

由此看来，能够搭建好几十座记忆宫殿的人，就已经能够媲美世界记忆大师的水准了。

在中学阶段，我们可以根据学科建立记忆宫殿，不管是化学的元素周期表、英语需要背诵的课文、语文的文言文还是数学的公式及例题，记忆宫殿法都能很好地"安放"这些知识点。

提升记忆力的可靠办法就是按照科学方法不断实践。既然记忆宫殿法已经被证明是最强大的记忆方法之一，那么我们最好赶快用起来。用得越多越得心应手，记得也越牢！

6.2.3　记忆力养成计划

想要训练记忆力，平时生活中就可以从小事入手、处处锻炼。

接下来，将介绍几个简单易行的小习惯，养成这些习惯，在无形中就能锻炼记忆力。

1. 养成信息分组的习惯

信息分组也是一种记忆方法，最典型的例子是记手机电话号码。例如，12345678912 这个号码，就可以记成 "123·4567·8912"，也就是把原本 11 位的数字号码分为 3 组，每组 3~4 个数字。

信息分组就是把众多未处理的大量信息进行分组，转化成更容易记住的信息块。

这看起来也没什么玄妙的，但为什么管用呢？

答案是"米勒法则"（Miller's Law）。

心理学家米勒（Miller）曾经指出，人脑处理及时信息的能力有限，一般来说受魔法数字 7（±2）的限制。这一法则被称为"米勒法则"。

就拿圆周率 π 来说，正常我们能记住的是 3.1415926……如果不特意记，后面的数字是什么，大多数人是没有概念的。

如果不分组，单调的数据串会让人头疼。

而一旦分组，就可以运用联想、视觉记忆等方法在组内找联系，在每 7 个数据之间尽情发挥想象力。所以，看起来只是简单划分了信息，但实际上则降低了记忆的难度。

在学习中，很多时候我们接触到的信息都是有知识结构的。最简单的，按照目录，任何一本教辅书都有以下结构：

大信息块→中信息块→小信息块（细节）

先记大信息块，这是大框架。大框架记完后再记中信息块，这是骨架。骨架记完后再记小信息块，这是填充各种细节的时候。

这个过程有点儿像记忆宫殿法。

记忆宫殿也是有一个大的记忆之宫，在记忆之宫里有很多记忆桩，记忆桩上有很多枝干。按照确定的路径，不断往枝干、记忆桩和记忆之宫里安放不同层次的信息。

是的，记忆宫殿法在本质上也是给信息先分组，再存储。

拿到任何需要记忆的信息，首先想想怎么分组。花几秒时间确定分组规则后，就可以开始记忆之旅啦！

2. 养成画面记忆的习惯

前文提过，亲手画出画面是效果最好的记忆方式之一。但是，如果手边没有画笔，也可以在脑海里把文字"翻译"成画面。

毕竟，视觉带给人的冲击是巨大的。这种巨大的影响，自然而然也会让我们记得更久一些。

世界记忆锦标赛中的一个比赛项目是"记虚拟历史事件"。也就是说，有一连串"虚拟的年份＋虚拟事件"让选手们记忆。例如：

1348 浪花朵朵大船出海

1577 天降暴雨淹没小镇

1690 火山喷发村民逃跑

面对上述一连串的事件，记忆高手们是如何记忆的呢？这里有一个流程化的公式，共分为以下两步。

第一步：数字编码。

记忆高手们有一个习惯，就是将 0~99 这 100 个数字分别赋予图像进行编码。编码出具体的图像可能根据个人记忆的喜好有所不同，但是大致符合常识、象形、谐音等原理。

例如，0 记为"眼睛"；15 可以从谐音记为"鹦鹉"；61 则联想到六一儿童节，记为"儿童"。

如表 6.1 所示，0~99 的数字编码记忆表可以根据个人喜好灵活改动，仅供参考。

表 6.1　0~99 的数字编码记忆表

数字	参考图像	数字	参考图像	数字	参考图像
0	鸡蛋、手镯、气泡	27	耳机、二汽	64	流食、螺丝
1	笔、树	28	恶霸、二爸	65	锣鼓、尿壶、路虎

续表

数字	参考图像	数字	参考图像	数字	参考图像
2	鹅	29	鹅脚、阿胶、二舅	66	悠悠球、绿豆
3	耳朵、弹簧、伞	30	三轮、三菱	67	楼梯、油漆
4	红旗	31	鲨鱼、三姨	68	萝卜、喇叭
5	钩子、手套、手	32	伞儿、仙鹤	69	辣椒、太极
6	哨子、豆芽	33	伞伞、山山	70	麒麟、"70后"、冰激凌
7	拐杖、手枪、镰刀	34	山石、三思	71	奇异果、建党、金鱼
8	葫芦、麻花	35	珊瑚	72	企鹅、苏乞儿
9	蝌蚪、勺子、气球	36	山路、山鹿	73	鸡蛋、奇山、奇扇
00	眼镜、耳环、望远镜	37	山鸡、三七	74	骑士、奇石
01	灵异	38	妇女、伞把、沙发	75	积木、奇物、起舞
02	赵灵儿、铃儿	39	999药、散酒	76	犀牛、气流、汽油
03	灵山、岳灵珊、零散	40	司令、奥迪	77	棋棋、奇奇、七喜
04	零食、灵寺	41	司仪、死鱼、丝衣	78	西瓜、奇葩、青蛙
05	领舞、灵物、灵屋	42	柿儿、银耳	79	气球
06	灵鹿、领路	43	雪山、石山	80	"80后"、巴黎、花环
07	令旗、灵气、007	44	狮子、石狮	81	蚂蚁、军人
08	篱笆、2008	45	水母、水壶、食物	82	拔河、白鸽、把儿

续表

数字	参考图像	数字	参考图像	数字	参考图像
09	菱角、灵酒、领酒	46	饲料、石榴、撕肉	83	花生、爬山、巴山
10	棒球、衣领	47	司机、石器	84	84消毒液、巴士
11	筷子、药药	48	丝瓜、雪花	85	宝物、蝙蝠
12	婴儿、日历	49	石臼、四舅、雪球	86	八路
13	医生、雨伞	50	武林、五环	87	白旗、白棋、拔起
14	钥匙、椅子	51	劳动节、武艺	88	爸爸、粑粑
15	鹦鹉、药物、食物	52	木耳、我儿	89	芭蕉、白酒
16	石榴、一流	53	牡丹、武僧	90	"90后"、酒瓶
17	玉器、摇旗、石器	54	武士、舞狮	91	球衣、旧衣
18	腰包、一霸、摇把	55	呜呜、木屋、污物	92	92式手枪
19	药酒、石臼	56	蜗牛、五柳	93	旧伞
20	耳屎、二铃	57	母鸡、武器	94	教室、旧寺
21	鳄鱼、二姨	58	苦瓜、王八	95	酒壶、皇帝、救护车
22	鸳鸯、双胞胎	59	五角星、五角钱	96	酒楼、酒婆、酒肉
23	耳塞、和尚、二山	60	榴莲、六连环	97	香港、酒器、酒起子
24	儿子	61	儿童节、摇椅	98	酒吧、旧报
25	二胡	62	刘二、驴儿	99	澳门、舅舅、玫瑰
26	二柳	63	流沙、刘三姐、硫酸		

第二步：图像叠加。

数字编码编译完后，数字就能顺理成章地转化成图像，这是第一幅画。接下来，文字的描述是现成的第二幅画。例如，"浪花朵朵大船出海"呈现的就是海浪翻滚、船只乘风破浪驶出港湾的画面。

接下来就是两幅画面的叠加，即把第一幅画当成"前景"，第二幅画当成"背景"。

我们来应用一下，以虚拟历史事件"1577天降暴雨淹没小镇"为例：

1577可以拆成15和77，15是谐音"鹦鹉"，而77则让我想到"游泳池"，因为数字双7的样子很像游泳池旁伸出来的扶手。那么第一幅画就出来了：鹦鹉飞过游泳池，翅膀掀起狂风巨浪。

融合两幅画，完整的画面是：

鹦鹉飞过游泳池，翅膀掀起狂风巨浪，巨浪化身雨水，天降暴雨淹没小镇。

想象的画面越夸张、越动态就越好记。像上面的画面很明显带有玄幻色彩，但是这正是大脑喜欢的。既然是想象，大胆一点儿也没关系！

就这样，我们可以完成数字与文字的画面转换，是不是很神奇？没错，任何人用这种方法都能很快形成画面记忆，这可比死记硬背高效多了。

3. 养成积累记忆线索的习惯

既然要训练记忆力，那么在日常学习和生活中多积累一些"记忆线索"，能让记忆变得简单、有趣起来。

记忆线索是指能帮助迅速记忆的线索或提示信息。例如，我会关注的记忆线索有词根词缀、口诀/顺口溜、记忆卡片和记忆模板。

初中时，我在英语老师的带领下学习了"常见词根词缀表"，自此之后，我看到一些单词不仅回忆不成问题，猜词准确率也提升了很多。

另外，口诀/顺口溜可以帮助记忆各个学科的相关知识点。我在初中、高中教辅书上经常能看到编者精心编写的口诀/顺口溜，遇到它们我就会暗暗记下做个收藏，因为我觉得复习时看到它们就能迅速回忆起知识点。

记忆卡片来自现在很流行的"Anki 记忆法"。Anki 是一款专门背诵知识点的软件，它的特色是"Anki 记忆卡"。

Anki 记忆卡是一种需要自制的记忆卡片，电子版或纸质版都可以。自制的规则是卡片的正面写关键词，如"辛亥革命"，卡片的背面写具体内容。例如，"时间为公元 1911 年至 1912 年年初；性质：旨在推翻清朝专制帝制、建立共和政体的全国性革命"。

需要记忆的时候，就将记忆卡片拿出来，先看正面，回忆知识点。回忆不出来再看背面，下一次继续背诵，直到记住为止。

Anki 记忆法的本质是主动回忆，万变不离其宗，但是制作卡片会留下记忆线索，方便下次回忆时想起。

记忆模板是指有些学科已经有了固定的知识框架，总结记忆模板更能方便回忆。例如，对于历史学科，在总结事件的意义时，总是会从"政治、经济、文化"等几个方面阐述；学习政治时，只要弄明白"是什么、为什么、怎么样"这三大方面，一个事件就算学清楚了。按照记忆模板回忆历史、政治的知识点时，如果哪方面记忆是空白，就意味着需要回去补课了。

如果你还有其他的专属于自己的记忆线索，可以在平时就收集起来。记忆线索越多，你的记忆体系就越强大。

【本节知识点回顾】

1. 记忆的关键在于赋予意义。5 种给事物赋予意义的方法：比喻、画图、情绪融入、通感和联想。

2. 记忆宫殿法：构筑大脑中的记忆之宫。

（1）构筑方法：按照建筑、位置、地点等任何你熟悉的地方构筑。

（2）实践记忆宫殿法的 4 个步骤：创造宫殿、确定路径、安放记忆、解码记忆。

3. 培养提升记忆力的好习惯。

（1）养成信息分组的习惯。

（2）养成画面记忆的习惯。

（3）养成积累记忆线索的习惯。

【本章重点回顾】

1. 在学习上，有意识地锻炼记忆力很有必要。

（1）记忆力好，可以在学习上占很多优势。

（2）文科类学科和理工类学科都有需要记忆与背诵的知识点。

2. 记忆力是可以后天训练的，记忆事物有科学的方法。

（1）给无序、无意义的事物赋予意义。

（2）在大脑中构筑记忆宫殿，用记忆宫殿法存储知识和信息。

（3）养成信息分组、画面记忆和积累记忆线索的好习惯。

第 7 章

学会自学，我们终将成为自己的老师

从更长的时间尺度来看，只有我们才能始终是自己的老师。

没有老师可以 24 小时陪伴你，也没有老师如你一般了解自己的学习习惯、喜欢的学习方法。

学会自学，我们就能自己想办法解决随时可能出现的学习问题，能解答自己的学习疑惑，同时还能增强思考能力、逻辑能力、分析能力、检索能力等多维学习能力。

7.1 自学需要我们长期坚持

"学霸"的自学能力都很强，如果想要成为"学霸"，我们最好尽早掌握自学能力，并把它变成一件长期践行的事。自学需要我们长期坚持，这种能力值得我们好好学习。

7.1.1 自学是"学霸"的必备技能

虽然听老师讲课是我们从小就熟知的学习方式，但我还是建议你要尽早掌握自学能力。

诺贝尔经济学奖获得者米尔顿·弗里德曼曾说："所有的学习到

最后都是自学。"

中国也有句俗语：师傅领进门，修行在个人。

据我观察，"学霸"之所以能成为"学霸"，究其原因可能并不在于有多聪明，而是"学霸"都拥有超强的自学能力。

我们可以用能力三核理论分析一下"学霸"之所以能成为"学霸"的秘密。我们还是回到上学时期最常听到的父母唠叨的灵魂拷问："为什么坐在同一个教室里听课、老师也一样，但你不能像'学霸'A一样考得好呢？"

其实，这背后的原因离不开"知识""技能""才干"这三核的内在关系，即**能力三核理论**（图7.1）。简单来说，真正的"学霸"最硬核的是才干，其次是技能，最后是知识，而普通人则相反。

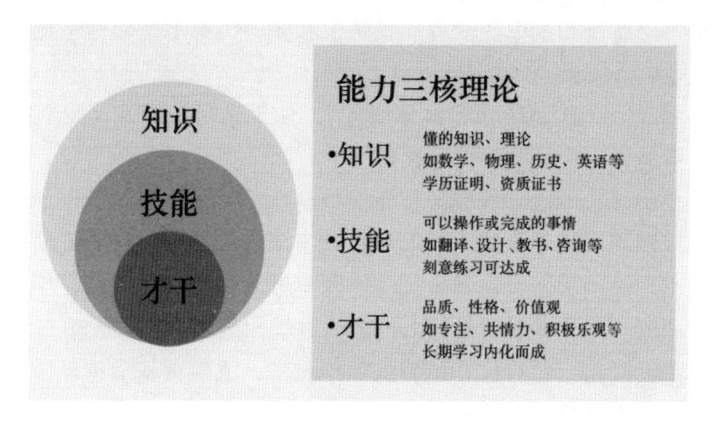

图 7.1 能力三核理论

在学校里，老师传授的仅仅只是知识，如语文、数学、英语、历史、地理等这些学科的教材内容。能够授人以渔的良师，会在传授知识的基础上，教会学生一定的技能，这个技能是可以跨学科迁移的。例如，"用思维导图复习每一章节"的方法虽然可能是数学老师教的，但该方法同样适用于物理、化学等其他学科。典型的技能表现有专业证书（语言翻译、绘画、写作等）、做咨询、当教练等。

至此，大多数老师的本职工作已经完成。然而，一个人学习能力的强弱并不取决于知识或技能，而是最硬核的才干。才干位于能力三核的最里层，也是老师少有能触及的部分。

才干是指什么呢？

才干是指一个人内在的品质和特征。例如，专注力、洞察力、毅力、共情力、乐观开朗的性格等。在我看来，自学能力也处于才干这一层的内核里：**一个人是否会自学，将直接决定学习力的强弱。换言之，如果你想成为"学霸"，自学是一门必修课**。这背后的理由有3个。

1. 如果老师教得不好，我们只能自己教自己

在学校里，和你一起上课的四五十个同学，老师是无法一一顾及的。同时，如果老师的授课风格不是你喜欢的，这又给"吸收新知识"增加了难度。假如恰巧运气不好，遇到了不是很好的老师，难道我们就不学习了吗？愿意读到这里的读者，我想你和我应该都不是那种愿意轻易放弃的人吧。

中国有一个成语叫作"自学成才"，如果老师教不好，我们能采取的最佳策略就是想尽办法自己教自己。

古今中外，不适应学校教育而被迫自学反而成才的例子也不少，如数学家华罗庚、国学大师梁漱溟、物理学家皮埃尔·居里、美国科学家和政治家本杰明·富兰克林、英国博物学家赫胥黎等。他们在年少时由于各种原因没能完成学校教育，但因为自学而最终取得了成功。

更重要的是，一旦你开始有意识地自学，之后会越学越轻松。当你能靠自己完全解决第一个问题，进而就能解决第二个、第十个、第一百个问题，这一过程会使你的总结、反思、思考能力越变越强。再回头看，你会发现，原来不需要老师，我也可以学得这么好。

2. 自学是一种主动式学习

自学本身是一种主动式学习，而学习这件事，就怕主动。一旦主动了，谁都无法阻拦你变优秀的脚步。

上初中时，在家长和学生中流传着这样一句话：初二是分水岭，很多学生都是在初二开窍的。好巧不巧，我也正好是初二开窍的。现在回

头看，我愈发觉得这句话有点儿道理。

总体来说，小学一到六年级的课程内容还是比较简单的。一旦进入初中，第一年就会明显感到学习科目的数量和难度的增加。首先，学习科目的数量会增加几门，信息量也大大增加。其次，如果不好好下功夫学习，考试成绩很容易就下滑。所以进入初中的第一年，很可能是以适应为主，很多学习问题都会暴露出来。到了初二，对学习上心的同学在第一年已经积累了足够的试错经验，这部分同学清楚地知道什么样的学习方式对自己是最有效的，所以在不断改进、迭代后，找到了合适的学习方法和节奏，才有了所谓的"开窍"之说。

当进入初二后，我最大的转变就是从"被动式学习"转为"主动式学习"。我以前只听课、完成作业，但在初一踩过坑后，我意识到了必须在课后多花功夫。虽然周末我会去丰富自己的生活，但周一到周五可是在认认真真地自学：设定课外学习目标、做自己买的辅导书题目、想办法自己解决薄弱的知识点……

朋友知道我这样做后送给我3个字：肯钻研。或许肯钻研是主动式学习的最大意义，因为主动，所以学习不再得过且过。这样的转变让我收获巨大，"显性收获"是学习成绩的大幅提高，而"隐性收获"是学习能力一点点增强，到现在，很多新事物也是我自学学会的。

3. 多看几本书、多听几种思路能让思路更开阔

我经常产生这样的感觉：自学后对知识理解的深刻程度远远大于被动输入。

哪怕是老师上课讲得很透彻的题目，如果自己再深入思考一下，可能又会发现新的问题。在自学时若能学会全面收集资料、多看几本书或教材、多听几种思路，就能不断提升思考力从而加深对知识的理解。

在初中时，我一开始并不喜欢学历史，因为我觉得教科书上的历史事件离我太过遥远，而且很多历史事件都要背诵年代、事件意义，让我备感枯燥乏味。

但是改变我的是我的妈妈，她是个历史迷，经常和我说历史很有趣，并不像想象中的那么教条。在周末的茶余饭后，妈妈就经常在家里播放《百家讲坛》的历史类讲座，从三国、汉武帝一直到武则天，我也跟着被迫从头听到尾——她其实并不是为了帮我学习历史，而是纯粹觉得听《百家讲坛》比看电视剧有意思多了！

通过看纪录片和讲座，我真的发现这些大学历史学教授口中的历史故事很好玩，有时和书本上的知识相对应后，我能很顺利地理解并记住，再也不是左耳朵进右耳朵出了。这种改变让我很惊喜，同时我决定：不再用原来的方式学历史，而是要用我自己喜欢的方式像听故事一样学历史。

在学会了自己搜索历史讲座、买历史课外书和看历史剧后，学习历史对我来说就不那么困难了。例如，在我主动搜索学习了《百家讲坛》的《王立群读史记之汉武帝》后，汉武帝时期的"罢黜百家、独尊儒术""攻打匈奴"等在历史书上本来对我毫无吸引力的事件就变得生动起来，甚至都不用刻意记忆，想忘都忘不掉。后来，我的历史成绩从初中到高中一直都很好，其秘诀就是我在自学中找到了乐趣。

自学是一个探索更多可能性的过程。事实上，能让我们学到东西的不仅仅只有教材，能解决问题的也不仅仅只有标准答案。

以上3点原因可以解释为什么成为"学霸"要学会自学：自学能力是一种硬核的才干，有了才干，技能和知识也会相继有的。

英国生物学家达尔文曾说："我学到的任何有价值的知识都是由自学中得来的。"

我国数学家华罗庚也说："任何一个人，都必须养成自学的习惯，即使是今天在学校的学生，也要养成自学的习惯，因为迟早总要离开学校的！自学，就是一种独立学习，独立思考的能力。行路，还是要靠行路人自己。"

关于自学，我的感受是：要把自学的意识刻进骨子里，并且越早越好！

毫不夸张地说，"学霸"的终极学习状态就是：自学上瘾。

自学能为你打开一个新世界的大门，这一点毫不夸张！并且，如果你能在其中找到乐趣并不断进步，那种成功的喜悦感会成为你之后前行的力量。

7.1.2　学会自学必备的元技能

20 世纪 40 年代，有一本一经出版就广为流传的经典著作《如何阅读一本书》。至今，这本书依旧经久不衰，在我写下这些字的时间节点上，微信读书上有 53 万人同时在读此书，并且人数还在不断增加。

这本书究竟讲了什么才得以跨越世纪成为畅销 80 多年的热销书？

是阅读的方法论，或者说，是阅读的元技能。

授人以鱼，不如授人以渔。教世人方法总是比单纯探讨一个问题更能跨越时间，因为问题会随着时代发展与时俱进，而方法背后是思维的展现，厉害的思维方法是能经受住时间考验的。

《如何阅读一本书》的作者将阅读分为 4 个层次：基础阅读、检视阅读、分析阅读和主题阅读，这 4 个层次也循序渐进、由浅入深。作者指出，随着阅读的深入，我们要学的技能就越多，最后阅读能力也会进阶到终极阶段。

一开始的"基础技能"就是认字、拼读、能理解作者字面上的含义，而到后期则要学会分类、透视等"高阶技能"。最高阶的阅读是"主题阅读"，这里涉及两个关键的认知：其一是读者要明白针对某个特定的主题，需要读的书不止一本；其二是读者要知道自己需要挑选哪些书来读。

当学会阅读的方法后，再去读书就会有一种豁然开朗的感觉，此时阅读一本书的质量将会比之前大大提高。

在我看来，自学就和阅读一样：

自学也是可以拆解为很多元技能、能够不断精进、最后能练得炉火纯青的一种技能。

自学是一种综合能力，"学霸"能运用自学掌控学习节奏，更重要的是，它能帮你找回学习的自信。我自己的经历是，当我一点一点通过自学搞定之前觉得很难的问题时，我只想说：再给我来 10 道题！我还可以再学一会儿！

一个合格的自学者需要拥有哪些元技能呢？我列举了以下 5 种必不可少的元技能，单看每项能力似乎都很基础，但组合起来威力巨大：拆解目标、信息检索、制订计划、坚定执行和自我测试。

1. 拆解目标

当遇到有挑战性的学习任务时，我常对自己说的一句玩笑话：又要拿出拆家的本领了！

一些自学新手可能会在这一步就被卡住，要么是目标太大不会拆解，要么就是拆解后的目标依旧不适宜执行。其实大家不要把目标这件事想复杂，所有的行动都是为了降低开始的难度，并提升任务完成的愉悦度。

我给自己设定的拆解目标的原则是拆解到执行没有难度为止。

例如，很多同学都觉得高中数学的三角函数这一章节很难，公式繁多还计算量大，需要巧妙变形的同时还会和其他章节联系起来。我至今依旧觉得三角函数中的"和差化积""积化和差"这两组公式（图 7.2）堪称高中数学最难记的公式之一。

$$\sin\alpha + \sin\beta = 2\sin\frac{\alpha+\beta}{2}\cos\frac{\alpha-\beta}{2}$$

$$\sin\alpha - \sin\beta = 2\cos\frac{\alpha+\beta}{2}\sin\frac{\alpha-\beta}{2}$$

$$\cos\alpha + \cos\beta = 2\cos\frac{\alpha+\beta}{2}\cos\frac{\alpha-\beta}{2}$$

$$\cos\alpha - \cos\beta = -2\sin\frac{\alpha+\beta}{2}\sin\frac{\alpha-\beta}{2}$$

$$\sin\alpha\cos\beta = \frac{1}{2}[\sin(\alpha+\beta) + \sin(\alpha-\beta)]$$

$$\cos\alpha\sin\beta = \frac{1}{2}[\sin(\alpha+\beta) - \sin(\alpha-\beta)]$$

$$\cos\alpha\cos\beta = \frac{1}{2}[\cos(\alpha+\beta) + \cos(\alpha-\beta)]$$

$$\sin\alpha\cos\beta = \frac{1}{2}[\cos(\alpha+\beta) - \cos(\alpha-\beta)]$$

（a）和差化积公式　　　　　　（b）积化和差公式

图 7.2　和差化积公式与积化和差公式

我在学习这组公式时也很头疼，但我很会拆解问题。在我运用了拆解目标的技能后，顺利解决了这个难题。我是这样拆解的：

第一级目标：记住正弦和余弦的两角和差公式。
第二级目标：看懂公式推导过程。
第三级目标：记住公式推导过程并能自己推导这两组公式。
第四级目标：记住和差化积、积化和差的公式。

看似很难的学习目标就这样被我拆解成了 4 个可以逐步实现的小目标。从第一级目标入手，首先记住基础公式，然后逐渐加深难度，到理解、会自己推导、最终记住。

这里只是简单举了一个例子，实际上，如果学会了拆解目标的方法，就可以应对各种学习目标，因为理论上来说，需要做的只是逐层拆解而已。

如果不知道怎么拆解，可以按照"倒推"的方法进行。

例如，在面对和差化积、积化和差公式的记忆问题时，我首先会想："这两组公式是怎么来的？"翻翻笔记和教辅资料，会发现可以找到公式推演，发现它们都是在正弦定理、余弦定理的基础上进行演变的，所以第一级目标就是记住正弦和余弦的两角和差公式，见图 7.3。

$$\sin(\alpha+\beta) = \sin\alpha\cos\beta + \cos\alpha\sin\beta$$
$$\sin(\alpha-\beta) = \sin\alpha\cos\beta - \cos\alpha\sin\beta$$
$$\cos(\alpha+\beta) = \cos\alpha\mathrm{con}\beta - \sin\alpha\sin\beta$$
$$\cos(\alpha-\beta) = \cos\alpha\cos\beta + \sin\alpha\sin\beta$$

图 7.3　正弦和余弦的两角和差公式

接下来自然就会想："我能不能理解公式推导过程？"逐步研究后，我发现自己可以理解，其实本质就是公式的加减运算，所以第二级目标也完成了（图 7.4）。

证明：$\sin\alpha + \sin\beta = 2\sin[(\alpha+\beta)/2]\cos[(\alpha-\beta)/2]$

因为：

$\sin(\alpha+\beta) = \sin\alpha\cos\beta + \cos\alpha\sin\beta$ （1）

$\sin(\alpha-\beta) = \sin\alpha\cos\beta - \cos\alpha\sin\beta$ （2）

（1）+（2）得：

$\sin(\alpha+\beta) + \sin(\alpha-\beta) = 2\sin\alpha\cos\beta$ （3）

设 $\alpha+\beta = \theta$，$\alpha-\beta = \phi$，则 $\alpha = (\theta+\phi)/2$，$\beta = (\theta-\phi)/2$

代入（3）得：

$\sin\theta + \sin = 2\sin[(\theta+\phi)/2]\cos[(\theta-\phi)/2]$

图 7.4　和差化积公式推导示范

第三级目标是我给自己单独设置的，一是推导公式可以加深印象；二是万一在考场上忘了公式，还可以推导出来。

第四级目标是记住公式，在知道了公式的"前世今生"后，看公式也顺眼了许多，再观察公式、按照口诀记忆，便能记住这组很难记的和差化积、积化和差公式。

2. 信息检索

信息检索的能力对自学来说至关重要！

这里的信息检索是指通过自己能想到的所有方式，把学习信息找到。学习信息包括教材、权威的参考答案、学习论坛、前人的经验、备考攻略等诸多与实现学习目标相关的问题。

在正式开始前，这些信息知道得越全面越好。不要着急开始学，想清楚怎么学比直接行动更重要！

检索的方法包括但不限于：互联网检索、请教老师/同学/家长、逛书店/图书馆（看书）。

理论上，用好上述 3 种方法已经足够了，并且随着能力的不断提升，我们可以触达的信息就越广泛。例如，我曾经只会搜索中文网站，但学好英语后，也能从英文网站搜索到我想要的信息了。在研究学习方法时，我就检索到了国外学习博主、剑桥医学博士阿里·阿卜达尔的个人英文网站，其中的学习方法也给了我很多启发。

下面用一个具体的例子来说明。

我在考托福时，备考一共用了3个月。当时我就充分运用了以上3种方法自学了托福考试，最终首考就拿下了108分的成绩。

首先，我到互联网上检索了托福高分考生的经验攻略，了解了托福考试总分是120分，共分为4类，分别是听力、阅读、写作和口语，每项都是30分。对中国学生来说，需要着重提高的是听力、口语，阅读和写作都是比较好提分的题型。这符合我的认知，同时我也收集了一些高分攻略，如"如何安排复习计划""听力基础不好,如何短期迅速提高"等前人经验。

其次，我身边有很多考过托福的同学，我选择直接向他们取经。上海复旦大学的"学霸"芽芽首考托福拿下了110分的好成绩，我请教她是否报班，她和我说全靠自学就可以，所以坚定了我自学的信心。另一个考上北京航空航天大学的高中同学告诉我，直接刷TPO（TOEFL Practice Online，托福全真模拟题）对他来说最有效，并且强调仅仅背单词是绝对不行的，这是他踩过的坑。这些建议也帮我避免了无效学习。

最后，我选择在周末去书店转一圈，专门逛逛托福专区。翻一翻市面上卖的教材，发现了一些眼熟的教材，仔细回想，原来是我曾经在攻略中看到的高分考生推荐过的教材。我在挑选教材时，习惯于现场搜一下该书的评分和反馈，同时还会看一下是否适合自己坚持学完，如果反馈不好或评分不高，我就不会考虑把它带回家。

就这样，我完成了自学托福的备考信息检索过程。

在信息爆炸的现代，有一个新的词叫作"搜商"，用来评判一个人搜索信息的能力。搜索并筛选有用的信息，是对当代学习者的一个挑战。

不过，既然想成为"学霸"，这样的挑战很值得尝试。因为在往后的深入学习中，我们会发现，"搜商"高的人的自学能力也强，因为遇到一般性问题，自己就能搜索有效信息、筛选信息，从而做出判断。

不依赖他人，单凭自己就能解决问题的学生才是名副其实的"学霸"。

3. 制订计划

"学霸"总能知道自己该学什么。

自学时，要学什么、怎么学、花多长时间学、预计达到怎样的效果，通通都体现在"制订计划"这一步。

大多数人在制订计划时往往没有把"预计达到的效果"放在计划里，仅仅只是罗列需要做的事，这样会让计划大打折扣。

在这里我想传达的理念是，制订计划是一个动态的过程。因为"计划赶不上变化"，很可能在学习过程中发现了新的问题，这是很正常的，所以我们可以把"预计达到的效果"也在列计划时一并列出来，没有达到就迅速调整计划。

关于制订计划，各人有各人的喜好，这里我只用自己的方法给大家参考。注意，这一步是建立在前面两步的基础上的，如果"拆解目标"和"信息检索"都没做到位，那"制订计划"这一步必定是不到位的。

如何制订计划呢？目前我们已知：

（1）考试时间。

（2）拆解后的学习小任务块。

（3）预期的学习效果。

有了这3项，我们就可以制订初步的学习计划了，方法就是"倒推法"。由"考试时间"倒推确定"每一学习小任务块"的完成时间，再由"预期的学习效果"对应每一个节点需要完成多少个"学习小任务块"。

表7.1中列举了我曾经的备考托福计划表，以供参考。

表 7.1 备考托福计划表

托福考试时间		
90天后		

学习小任务块（第一个月）		
任务名称	任务量	目标效果
托福基础词汇	3000词, 10天	快速过完
托福高阶词汇	8000词, 20天	快速过完
托福长难句	200句, 30天	长难句语法过关
听力单项	每日2篇	正确率90%
阅读单项	每日2篇	正确率100%
口语单项	每日2基+2中	发音矫正
写作单项	每日撰写提纲1篇	迅速有思路

学习小任务块（第二、三个月）		
任务名称	任务量	目标效果
TPO单项：听力	10+	正确率95%
TPO单项：阅读	10+	正确率100%
TPO单项：写作&口语	10+	写作：提高打字速度/拼写正确；口语：流畅表达
刷TPO整套	40+	提高速度、正确率
TPO错题整理	机动	薄弱环节攻破
考前模考	5套题	模考分数105+
考前梳理	7天	知识点梳理+回顾

完成情况追踪		完成情况追踪		完成情况追踪	
day1	✓	day1		day1	✓
day2	✓	day2	✓	day2	✓
day3	✓	day3		day3	✓
day4	✓	day4	✓	day4	✓
day5	✓	day5	✓	day5	✓
day6	✓	day6		day6	✓
day7	✓	day7	✓	day7	✓
day8	✓	day8	✓	day8	✓
day9	✓	day9	✓	day9	✓
day10	✓	day10	✓	day10	✓
day11	✓	day11	✓	day11	✓
day12		day12	✓	day12	✓
day13	✓	day13	✓	day13	✓
day14	✓	day14	✓	day14	✓
day15	✓	day15	✓	day15	✓
day16	✓	day16		day16	✓
day17	✓	day17	✓	day17	✓
day18	✓	day18	✓	day18	✓
day19	✓	day19		day19	✓
day20	✓	day20	✓	day20	✓
day21	✓	day21	✓	day21	✓
day22	✓	day22	✓	day22	✓
day23	✓	day23	✓	day23	✓
day24	✓	day24		day24	✓

4. 坚定执行

有了计划后，剩下的就是坚定执行。

在自学时，执行者、监督者和反思者都是我们自己，我们都要想办法做好这3个身份，因为"学霸"可以出色地胜任这3个身份。

执行者不需要想太多，只要按照既定的计划行事即可。脑海中要有："无论怎么样，我都要把任务完成"的信念感。例如，你已经在计划中列出了"完成10道题"这项任务，而且优先级最高，那么其他所有的任务都要为其让道。

监督者需要做的是站在另一个视角进行自我监督。你可以不断问自己："我有没有在执行当前最重要的任务？"如果答案是肯定的，则说明你是一个出色的执行者；如果答案是否定的，则说明你需要提升自己的执行能力。

反思者和执行者恰恰相反，反思者不需要行动，而是需要动脑。反思者的任务是思考自己这样做是否正确、是否效率最高、是否能达到预期的学习效果……反思者让执行者和监督者的行动都有了意义，从这一角度来说，反思者是三者中起到统领作用的角色。

再多说一句，反思者能力的强弱将会直接决定自学能力的强弱，因为执行者归根到底是要根据反思者动态更新过的计划执行的，所以不断提升反思者的思考反馈能力是提升自学能力的不二法门。

5. 自我测试

不仅是自学，自我测试也是所有学习环节中必备的一环。我知道你在想什么：直接省略这个环节不行吗？

还真不行！

如果省略这一环节，说学习效果打对折也不为过。

自我测试的方式有很多，包括背诵、做模考题、不看书画思维导图、讲给他人听等。想要拿到好成绩或熟练掌握一项新知识，最好的办法就是经常进行自我测试。

要知道，考试都是自我测试！因为除了你自己，没有人可以替你考试。如果想在考场上不怯场，唯一的秘诀就是把平时大大小小每一次的自我测试都当成考试。

以上就是 5 个自学时必会的元技能，掌握后，我想你的自学能力将会比以前更强。面对一门新学科，即使没有老师指导，你也懂得要如何学习了。

7.1.3 自学时的好习惯

通过观察，我发现"学霸"在自学时都有一些好习惯。这里我仅仅根据自己的观察和思考，罗列一些好的自学习惯。

习惯一：一次性备齐学习材料

"工欲善其事，必先利其器。"

在开始自学前，最好一次性备齐所有的学习材料。如果能够在学习前把所有的学习材料准备完毕，在学习时就不会因为参考资料的不完备而分心。

上学时坐在我旁边的"学霸"周周，每次都能做到在老师讲课前把 PPT 讲义打印出来（课前老师都会提前公布讲义）。一开始，我没有打印讲义，原因是我在心里觉得打不打印效果都一样，上课认真听讲就行了。

但到期中复习时我才发现，原来准备好讲义和没准备好讲义的差别巨大。一是上课时记笔记的速度受影响；二是有讲义能更清楚地定位老师所讲知识的位置。

当时我就坐在周周旁边，所以一节课下来我就能看到我俩对知识吸收的差距。最明显的是她的笔记比我的更有框架感，因为我为了能跟上老师，只会在笔记本上记关键词，而她虽然也是记关键词，但因为有讲义的辅助，所以对于一些重要的点，直接用荧光笔在讲义上勾一下就可以了。

课后需要复习时，我又发现了一个新问题——如果没有及时回顾讲义，哪怕我记了关键词，信息也是有遗漏的。这也让我开始反思：原来课前准备好所有学习材料这一习惯就能严重影响我学习的效果！

在想明白这个问题后，我觉得不能在关键的事情上偷懒。其实，打印 PPT 讲义并不是很费时费力的事情，但它考验了我在学习上是否能成为"一个周全的人"。

周全，意味着上心。任何事情，只有上心，才能做好。

对学业极度负责任的态度，值得我们每个人学习。

习惯二：牢记自学大局观

学习是一个动态的过程。我经常在自学时感受到层出不穷的问题，以及动态调整计划的重要性。

在自学时，第一次接触"函数奇偶性"概念时会发现，想要理解"函数奇偶性"，就必须先理解"奇函数""偶函数"的概念，并且后者又是你不知道的概念，还要花时间把它们弄清楚。

又或者你认为已经弄清楚了"定语从句"的意义，但被"限定性定语从句"和"非限定性定语从句"的区别绕晕了头脑……这些问题在学习中都可能会随时出现，从而打乱你既定的学习节奏。

但我想说的是：**自学是动态的，动态问题的出现就是自学的一部分。**

如果遇到问题，恰恰证明我们的自学进程正在稳步进行。我高估过自己的学习能力，没有背完计划背诵的单词表，也低估过完成数学学习任务的时间，一个人偷偷熬夜补作业。我无法保证所有的自学计划都能完美地进行，但我会在每次遇到问题后吸取教训：下次不能再这样做了。

唯一可以确定不变的事情是在自学时要持续动态思考：

（1）时刻牢记自学的大目标。

（2）动态处理学习细节。

例如，在学习知识 A 时，如果发现还要学习知识 B，那么在学完知识 B 后要记得再回到知识 A，而不是被知识 C、D、E 岔开。

我曾经为了收集周末老师布置的作文题目素材看一些课外杂志和书籍。但如果不时刻谨记"要收集作文素材"，就会被各种有趣的故事吸引，从而好像花了很多时间，但实际没解决任何问题。

后来我学会了"自学大局观"，即要时刻记住自己的学习任务是什么，哪怕中途多了很多"动态问题"出来，也要记得解决完毕后再回到原本的任务上来。我称这种状态为"牢记自学的 big picture"（big picture 在英文中是"大局观"的意思）！

习惯三：留下纸质记录

如果你立志成为一个厉害的自学者，那么我的建议是留下纸质记录，专门记录自学中后续可能会重复出现的问题。

每次解决好一次重复性问题，最好对"这个问题是如何解决的"形成记忆，因为重复性问题的解决方法具有"可迁移性"。

例如，"遗忘背过的单词"是一个极大概率会重复出现的问题，那么当我们第一次采用有效的解决方法应对后（不管是他人告诉你的，还是你自己想出来的），就应当把解决方法记录下来，方便后期复盘。

重复性问题：今天我忘记了昨天背的 10 个单词。

预判问题出现：后天、大后天我都要背单词，很有可能还会忘记之前背的单词。

值得记录的解决方法：利用艾宾浩斯遗忘曲线复习单词。

你可能会觉得：知识都进入我的大脑里了，为什么我还需要用笔记录下来呢？这不是多此一举吗？

曾经的我也有这样的想法，但是现在我可以给你一个充分的理由——**记录是为了防止退步！**

我可以分享一个很有意思的经历。有段时间我很喜欢记学习笔记，在用电子阅读软件读书时经常记录自己的想法。一段时间过后，我开始追求速读，所以不再动手打字。

结果半年后回看，我惊奇地发现，对于那些"非速读时期"记录下来的灵感、思路、感悟，甚至有感而发的金句，连我自己都无法 100% 重现——我甚至惊讶于自己当时的思想和反应是多么有趣。看到这些记录，我那些被尘封的记忆又回来了。

而"速读时期"没有留下任何文字记录，结果书读完了，我也全忘了！好记性不如烂笔头！读书学习时尽量多留下点儿纸质记录吧！这是我给读者朋友的一点小建议。

习惯四：打不倒的"小强"心态

在我看来，保持打不倒的"小强"心态（遇到问题坚决不退缩）也是自学时的优良习惯之一。

在我读书时，老师们虽然对知识的传授非常在行，但在我看来，学校缺少了一种极为重要的教育：挫折教育。

我们知道如何解方程、如何化简三角函数、如何配平化学方程式、如何读懂英文长难句……但很少有人教我们，如何在面对学习困难时保持坚毅、热情和自信。

在很多人眼中，这或许是不需要花费时间、精力顾及的领域，但在我看来，学习时的心态（尤其是面对挫折时的心态）与学习知识本身同等重要！

我还记得在小学五六年级时，我就开始恐惧数学。很多次，我在考砸后都一个人回家默默沮丧好久，有时还会掉几滴眼泪。虽然现在看起来有点儿可笑，不过当时我可是真的不知道怎么办：一想起还要经历可怕的数学考试，我整个人就担惊受怕。

我清楚地记得，在这种畏难情绪下，我最不想做的就是学有关数学的任何知识。同时，我逐渐开始对自己的学习能力不自信，越来越怕学不会、学不好。

这种情况到了初二、初三才有所好转，我努力克服了对数学的恐惧，但过程依旧十分漫长和艰辛。现在回看，我已经是非常幸运的了，在没有任何人教我如何面对学习上的挫折时，我依旧没有放弃。

但是，我依旧感到后怕，因为我知道其中有很多关键环节：有多少同学能幸运地遇见好的老师、不屈不挠地把落后的课业补上、始终对自己抱有信心、愿意一心一意地只钻研学习？在学习上遇到困难的绝对不止我一个人，但如果一直深陷畏难情绪走不出来，很可能就会选择"摆烂"放弃。

作为遇到过"学习挫折"的人，我想如果"挫折教育"指望不上他人，那么最好指望自己：我们完全可以自己鼓励自己。

挫折就是你越丧气，它就越打压你；你越不把它当回事儿，它就越拿你没办法。

自己鼓励自己之所以行得通，是因为我深信我们是最了解自己的人，而且建立学习自信心这件事只能靠自己。

千万别把安慰自己当成很难的事！其实，一旦你有意识地从困难中跳出来，就会发现没什么大不了的。如果你不会安慰自己，不妨试试下面这句话：

"不过是暂时学不会而已，又不是永远学不会。失败了并不代表我很差劲，但是如果我现在放弃，才是真正的差劲！"

这句话对我很有效，在我每次想放弃时都能给自己打气，希望也能给予读者一点面对挫折的力量。

【本节知识点回顾】

1. 能力三核理论的启示：知识可以习得，技能可以训练，但才干才是最终决定一个人学习能力的最硬核指标。

2. 自学必备的5大"元技能"：拆解目标、信息检索、制订计划、坚定执行和自我测试。

3. 自学时的好习惯。

（1）一次性备齐学习材料。

（2）牢记自学大局观。

（3）留下纸质记录。

（4）打不倒的"小强"心态。

7.2 高效笔记法

用书写的方式培养思考习惯，听起来还不错吧？

是的，书写能让我们的思路更清晰，更有助于理清知识。

当然这一切的前提是掌握科学的书写方法（如写作、画思维导图、列提纲等），对学习来说，记笔记就是很好的一种书写方法。

即使记忆力再好，也不能替代好的记录习惯。所以，我更倾向于上课记笔记。

不仅是上课，就算是自学读书、复习知识，留下点儿学习的证据好过不那么可靠的记忆。

就拿期末复习来说，考试周通常都是几门课"混战"，有很多知识点需要理解和记忆。如果不记笔记，就只能简单地阅读课本，而如果记笔记，在复习时就能方便回顾和查看。

曾经我想偷懒尝试不记笔记，最后发现，一旦有概念记不起来，只能回去重翻课本，一时翻不到还会很慌张，反而浪费时间。

不过，记笔记可不是无脑抄写书本上的知识，也不是搬运老师黑板上的内容！这个错误我以前也犯过：错把手头笔尖的勤快，当成思考的勤快。

实际上，记笔记不是为了在思想上偷懒，而是为了更清晰地思考。比较值得记录的内容有知识框架、考试重点、老师强调的易错点、不明白的点等，而像已经理解的知识可以先略过（整体性梳理知识点例外）。

想要高效记笔记，我觉得以下几项原则比较重要。

原则一：笔记要有框架。"框架"是支撑知识的骨干，有框架意识地输入知识，是聪明人的选择！

记笔记没有框架的人，学习上也很难有条理。

笔记的框架就像书架一样，整齐的书架找书高效，杂乱的书架总要费点儿时间。

原则二：灵活不死板。没有非记不可的知识，但你要确保还能再次找到它。

笔记不是非记不可，毕竟知识最终都是要进入大脑里。但是不管怎样记，都要保证能在需要的时刻快速找到。要知道，找东西也是很费时间的。

原则三：如果记笔记干扰了理解知识，以理解知识为先。

记笔记不是目的，理解知识才是。如果陷入记笔记的假努力陷阱中，就得不偿失了。

高效记笔记的方法有很多，如康奈尔笔记法、子弹笔记法、时间轴笔记法等，掌握了这些方法，记笔记就能做到又快又好！本节将介绍高效笔记法，让记笔记成为学习新知识、知识梳理、考前复习的最佳助力。

7.2.1 方格本之三分笔记法

方格本真是记笔记的神器！

初中时，我曾听一个市重点高中的学姐说："用过方格本后，就再也不想用横线本记笔记了。"当时的我顿生好奇：方格本有这么神奇吗？

后来我发现了一本书《聪明人用方格笔记本》，作者论述了方格本的种种用法，包括职场的高效能人士也在使用，让我顿时意识到了方格本的神奇之处。

相比横线本，用方格本记笔记有以下优点。

（1）作图、画辅助线、列表格更轻松，文科、理科皆适用。

（2）自由划分页面区域，有助灵感发挥。

（3）易于对齐、排版，做出简洁美观的笔记。

以下是我曾经用方格本记笔记的示例，无论横着用还是竖着用，方格本都毫无违和感。

不论是学科笔记、阅读笔记还是会议、小组讨论或头脑风暴，都需要记录，可以采用三分法布局，简称三分笔记法。

顾名思义，三分笔记法是指将笔记的主要区域划分为3个部分，不同部分有不同的用处，为人熟知的"康奈尔笔记法"也是三分笔记法的一种。

如果脑海里没有明确的笔记划分框架，可以尝试按照图7.5所示的样式进行划分。

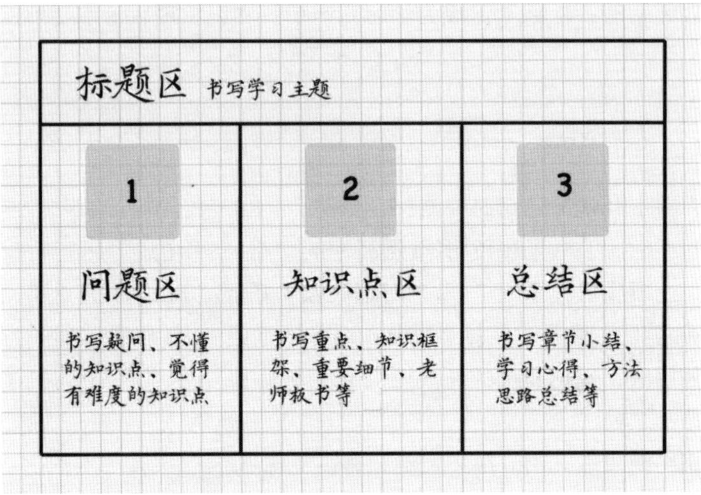

图7.5　三分笔记法示例1

首先，在离笔记最上方5厘米左右的位置画一条线，这就是标题线，用来写大标题。

其次，在笔记剩下的部分画两条竖线，将笔记平均分为3个部分。这3个部分可以依照"问题—知识点—总结"填充内容，也可以按照"知识点—知识点—问题与总结"记录。

- 问题—知识点—总结

这种结构的中间部分写知识点，左边部分写不明白的问题或有待商榷的思考结论，右边部分写总结。最关键的是中间部分的把握，要有概括总结能力。不过在实际应用中，会发现知识点不够写就要换页的情况，所以也会用下面的结构调整内容的比例（图7.6）。

- 知识点—知识点—问题与总结

这种结构的左边两栏可以都写知识点，而最右边的第三栏可以写问题与总结。问题与总结可以换不同的颜色加以区分。这种结构可以多写些知识点，像高中课堂内容密度较大时，就可以采用这种方法避免频繁翻页。

这种方法也称为笔记的"黄金三分法"。

方法不难，重在框架性梳理知识。每次我写完满满的笔记总是很有成就感，复习时更是高效。对于笔记，不必纠结于内容多少、是否好看，但一定要追求思路清晰、框架完整。当笔记的逻辑清晰后，思路也一定清晰。

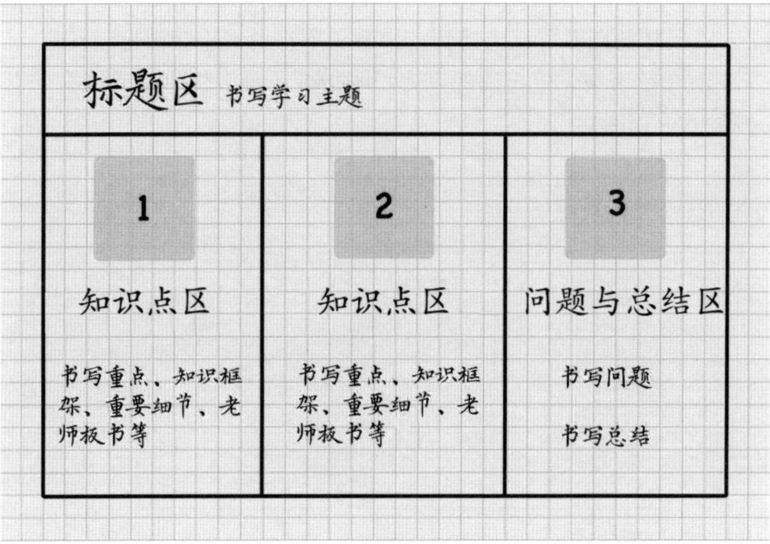

图 7.6　三分笔记法示例 2

7.2.2　康奈尔笔记法

相信大家都听说过康奈尔笔记法。没错，康奈尔笔记法就起源于康奈尔大学。

美国康奈尔大学的官网上有一个学习方法中心（The Learning Strategies Center）专栏，其中集合了康奈尔大学官方给出的"学习策略"，著名的康奈尔笔记法也在其中。

康奈尔笔记法是一种常用的笔记技巧，是由康奈尔大学的沃尔特·鲍克教授开发的，因此得名"康奈尔笔记法"。经过多年的实践和不断完善，康奈尔笔记法已经被广泛应用于各种学科和领域中，称为笔记界的"经典永流传"也不为过。

另外，官网中该笔记法的官方说明颇令我惊喜，说明这一笔记法得到了官方的认可。官网中的学习方法中心专栏也提到了间隔重复、思维导图、时间管理等学习方法，并且又实时推荐了一些学习APP，感兴趣的读者可以亲自到官网看一下，说不定会很有启发。

下面介绍康奈尔笔记法的官方说明指导。康奈尔笔记法将笔记本分为3个部分（图7.7）。

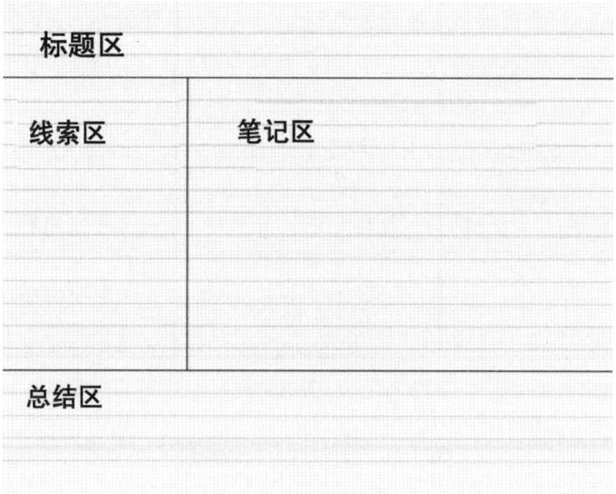

图 7.7　康奈尔笔记法

1. 笔记区

笔记区（Notes）位于笔记的右边，是上课时主要记笔记的地方，这里记录所有重要的概念、难点，官方给出的英语原词是 Facts（中文翻译为"事实"）。

2. 线索区

线索区（Cue）位于笔记的左边，以"关键词""疑问"为主，上课、下课都可以记录。例如，右边记录公式推导的过程，左边则可记录公式名称。如果没有听懂，可以在对应处打一个问号。

3. 总结区

总结区（Summary）一般在课后书写，用自己的话把上课内容总结一遍。记住，这里的重点是用自己的话记录（契合了费曼学习法的核心，即用"输出"倒逼"输入"），方便后续复习。

虽然康奈尔笔记法只划分了笔记的 3 个区域，但其实蕴含了"输入—思考—复习—输出"的全过程。例如，在阅读数学教材时，可以把演算过程、例题、概念诠释等列在"笔记区"，把公式、知识点名称、解题思路列在"线索区"，而在"总结区"罗列自己的思考和感悟。

这样，复习时简直太清晰了！

那么，康奈尔笔记法该在什么时候派上用场呢？以下 4 个学习场景可以作为参考。

1. 学术阅读

笔记区：记录论文/书籍的章节思想、重要概念，可以画图补充
线索区：以目录、文章小标题或文章关键词等为"线索词"
总结区：总结整个章节或段落的重点内容

康奈尔笔记法是一种非常适合学术阅读的笔记方法，既可以拿来做学术笔记，也可以做课外读书笔记。读教材、看书时，对大段的文字都最好拆解一下，不然脑海里很难留下深刻印象——要么是一团糨糊，要么是囫囵吞枣。康奈尔笔记法可以帮助梳理脉络、辅助学术阅读。

2. 课堂笔记

笔记区：记录老师课上讲的知识点、部分板书、重要考点
线索区：以每个课堂主题、子主题或经典例题等为"线索词"
总结区：课后复习进行自我总结

康奈尔笔记法也适合课堂记笔记。上课时，自己觉得有必要记录的知识点、部分板书以及老师强调的重要考点可以记录在"笔记区"，课

后复习时可以把"线索区"和"总结区"一并整理好。如果每门课都能做到这样的梳理，遇到考试就绝不会慌张了。

3. 考试复习

笔记区：记录考试大纲、老师曾经强调过的必考知识点、曾经的错题等

线索区：以考点、易错点等为"线索词"

总结区：可以画知识框架图，或者梳理解题思路

遇到期中、期末或在初三、高三升学考试时，康奈尔笔记法也能派上用场。我的初中数学老师曾经说过："书要先读厚，再读薄。"这句话是指先要吸纳全部知识点，再内化成印在脑海里的重点知识或知识框架。而在梳理重点知识时，就可以用康奈尔笔记法把已经掌握的知识"框架化"。

4. 小组讨论

笔记区：记录小组成员的讨论意见、思路

线索区：以讨论主题、子主题、关键意见等为"线索词"

总结区：小组成员共同撰写总结，记录共同达成的结论

面对需要共同完成的学习课题，小组讨论的过程也可用康奈尔笔记法记录。一般讨论都会涌现出很多奇思妙想，小组成员共同头脑风暴的众多想法、意见可以记在"笔记区"，而"线索区"可以专门记录有用的关键意见等。最后整个讨论结束，小组成员还可以一起编写总结，把共同达成的结论记录下来，从而更好地理解和记忆学习材料。

7.2.3 思维导图笔记法

思维导图笔记法也是一种常见的高效笔记法。

相信大家对于由一个中心点引出分支，再由分支引出次分支的思维导图并不陌生，思维导图示例如图 7.8 所示。

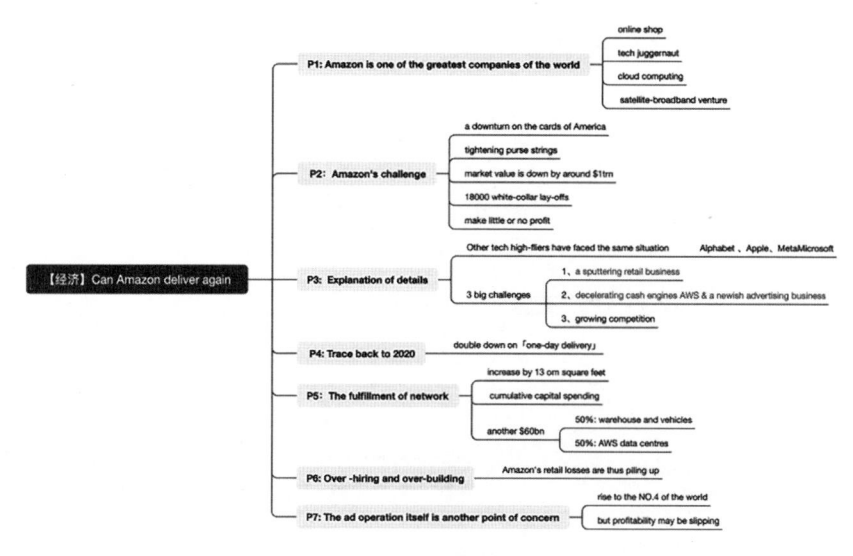

第 7 章 学会自学，我们终将成为自己的老师

【经济】Can Amazon deliver again
- P1: Amazon is one of the greatest companies of the world
  - online shop
  - tech juggernaut
  - cloud computing
  - satellite-broadband venture
- P2: Amazon's challenge
  - a downturn on the cards of America
  - tightening purse strings
  - market value is down by around $1trn
  - 18000 white-collar lay-offs
  - make little or no profit
- P3: Explanation of details
  - Other tech high-fliers have faced the same situation — Alphabet、Apple、MetaMicrosoft
  - 3 big challenges
    1. a sputtering retail business
    2. decelerating cash engines AWS & a newish advertising business
    3. growing competition
- P4: Trace back to 2020
  - double down on「one-day delivery」
- P5: The fulfillment of network
  - increase by 13 om square feet
  - cumulative capital spending
  - another $60bn
    - 50%: warehouse and vehicles
    - 50%: AWS data centres
- P6: Over-hiring and over-building
  - Amazon's retail losses are thus piling up
- P7: The ad operation itself is another point of concern
  - rise to the NO.4 of the world
  - but profitability may be slipping

图 7.8　思维导图示例

　　思维导图笔记法主要是由"有逻辑层次的模块"和"连接线"组成，一般是先有中心模块（学习主题），再有分支线以及分支线连接的子模块。中心模块和子模块、子模块和子模块之间有清晰的逻辑关系。

　　可以用笔记本手写，也可以用 APP 软件画思维导图。

　　一般这样的软件都有"大纲笔记"和"思维导图"两种模式。

　　"大纲笔记"是纯文字版，一般通过首行缩进展示逻辑层次。"思维导图"是图像版，一键切换即可从"大纲笔记"视图切换成"思维导图"视图。这两者的差别在于"思维导图"视图更直观，"大纲笔记"视图更方便记录（图 7.9）。

　　我见过逻辑性比较强的"学霸"，可以一边听课一边画思维导图，老师讲完就能把思维导图画得非常清楚。而我比较喜欢先完整听一遍老师上课讲的内容，画一张简略版的关键词思维导图，然后课后对照书本理一遍，这样脑海中已经有了基础框架，再画思维导图就不容易出错，同时又可以复习。

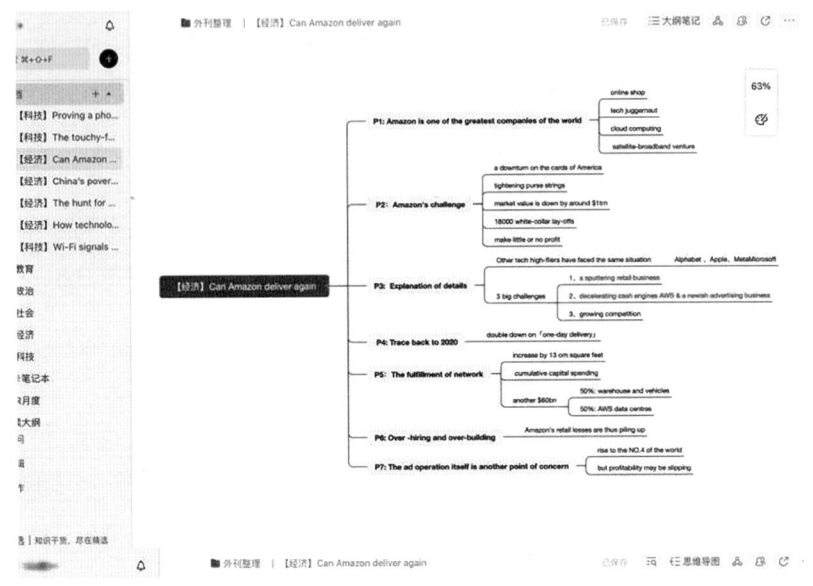

214 渐进学习：高效学习的 8 个秘诀

（a）"思维导图"视图

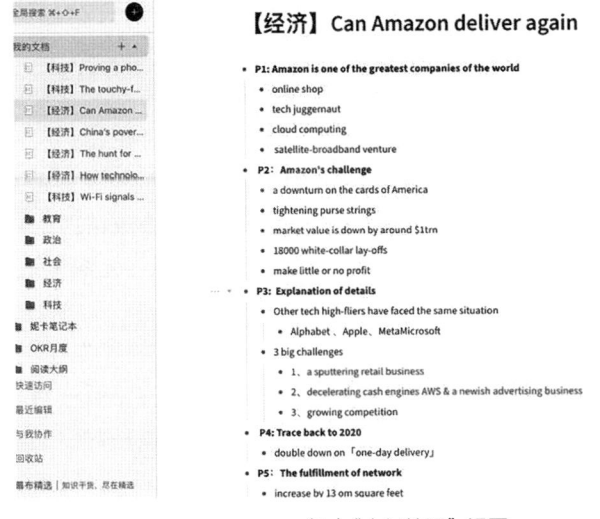

（b）"大纲笔记"视图

图 7.9　一般软件的两种视图模式

下面介绍 5 种思维导图的基本模块，有了这些基本模块，就可以灵活地画出各种思维导图了！

模块 1　向右逻辑模块

如图 7.10 所示，向右逻辑模块的逻辑链关系是"总—分"，即左边方块是中心点/主题，所有的分论点/分支主题都并列罗列在右边。适合记录单个知识点的展开，如某个政治论述题的几大答题要点等。如果向左展开，也是同样的逻辑关系（向左逻辑模块）。

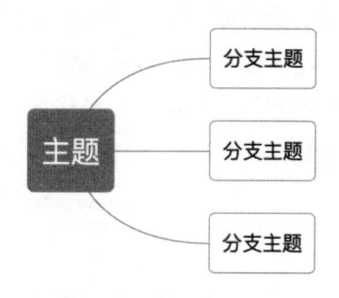

图 7.10　向右逻辑模块

模块 2　展开式模块

如图 7.11 所示，展开式模块的逻辑链关系是"总—分"，左右都是中心点的分论点，分论点平铺围绕在中心论点周围，每个二级分论点都可以再套用向右逻辑模块展开。这种模块是常见的思维导图中心框架。

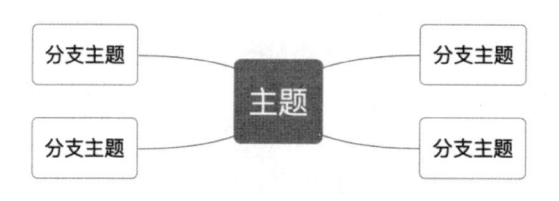

图 7.11　展开式模块

模块 3　鱼骨模块

如图 7.12 所示，鱼骨模块的逻辑链关系是"总—分"，可以包含时间顺序，也可以不包含。可以用鱼骨模块绘制历史年代轴、整理生物进化事件等。

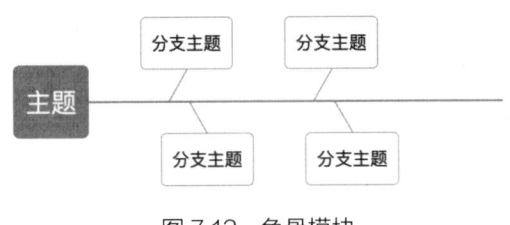

图 7.12　鱼骨模块

模块 4　顺序流程图模块

如图 7.13 所示，顺序流程图模块的逻辑链关系是"事件 1—事件 2—事件 3—事件 4……"，按照事件的流程操作顺序、发展顺序、时间顺序等进行排列。典型的案例有计算机的遍历操作指令——需要依次执行完全，没有遗漏且不能重复。

图 7.13　顺序流程图模块

模块 5　组织结构模块

如图 7.14 所示，组织结构模块的逻辑链关系是"总—分—分"，向下列举展开。这种模块适用于描述组织结构，在学习上可以用于拆分任务、目标、事件、组织结构，如生物的细胞结构、中国历史上的官制设置等。

以上 5 种思维导图的基本模块对做笔记来说绝对够用了。这些基本模块可以相互嵌套、展开，从点扩展到面，最终做成我们需要的思维导图。

其实，我建议大家平时就多用思维导图记笔记、复习章节知识点。如果绘制得清晰且完整，复习任何科目会无比轻松。

还有很多"学霸"在考完试后，到网上兜售自己的思维导图，如果是精心绘制的思维导图，往往销量还不差——思维导图做得好，其"含金量"可是实打实的！

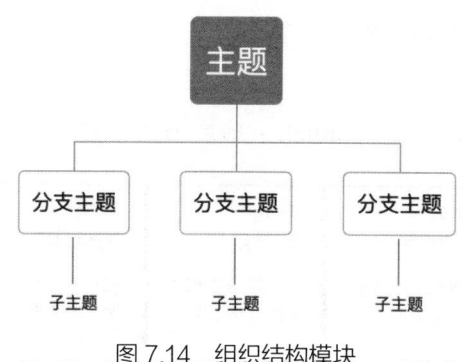

图 7.14　组织结构模块

7.2.4　九宫格笔记法

在前面章节介绍过，高效的笔记法不仅能记录知识点，还能帮助思考。

九宫格笔记法就是一种能帮助人们思考的笔记法。

你是否曾经在周六、周日晚上苦苦思索：

周一要交的语文 800 字作文到底要怎么写？

在中学时，每次写作文，我总会头疼一阵儿。虽然我是语文课代表，但是写作文也不总是"下笔如有神"。后来，我在搜索写作方法时，了解了九宫格笔记法。这是一种可以帮助理清写作思路的方法。

简而言之，就是把"写作主题"放在正中间，然后问自己 8 个问题，每个问题都是围绕正中间的"写作主题"展开的，如图 7.15 所示。

这 8 个问题是哪些问题呢？如果没有清晰的思路，可以从"5W2H"着手进行基础思考，"5W2H"是指：

- Who：谁会用？（事件主人公是谁？）
- When：何时用？
- Where：何地用？
- What：是什么？

- Why：为何用？
- How：怎么用？
- How many/How much：结果如何（程度/多少）等。

What 是什么？ 九宫格笔记法是一种思考方法	When 何时用？ 写作时、思考时收集灵感可用	Why 为何用？ 能从多角度延伸、理清思路
How 怎么用？ 画一个九宫格，然后填满思路	九宫格笔记法	Who 谁会用？ 任何想要积攒灵感、理思路的人均可
Where 何地用？ 无地点限制	Advantage 好处 集思广益、简单明了、可无限延伸	Anything else 补充 九宫格笔记法与佛学、冥想等有关

图 7.15　九宫格笔记法

你可能会担心这样写出来的作文是流水账，事实上，如果想要提高写作质量，可以不用面面俱到，而是挑九宫格里比较值得写的点展开。另外，"5W2H"只是提供了提问的角度，如果自己已经有想法，完全可以自由发挥，填写相应的格子即可。

例如，如果你觉得"5W2H"对写作来说信息过于基础，那么可以换一个思路，用"写作关键词"替代"5W2H"。"写作关键词"就是这篇作文的基础元素，如从立意、事例、起因、经过、转折、结尾、情绪、感悟、语言风格、论点、分论点、论据等角度切入，这些方面都是可做思考的地方。

为什么同样是写作文，有的同学可以写得又快又好？

归根到底还是想得快、想得清楚。

有的人平时善于"想",到考场上就是直接输出的过程。而不善于"想"的,也不必难过,我们可以从现在开始训练"想"的能力。

一篇文章的关键点无非就是上述列举的角度,平时读优质文章时就可以从这些角度拆解。自己练习时,可以在格子里先写上述关键词,然后联想如何填充。这种方式给理清思路以落脚点,以此深挖,我们总能够挖出一些值得写的东西。

以上的写作方法只是九宫格笔记法的一个应用。其实,在阅读时,也可以用九宫格笔记法写读书笔记。以下是写读书笔记的模板示例(图7.16)。

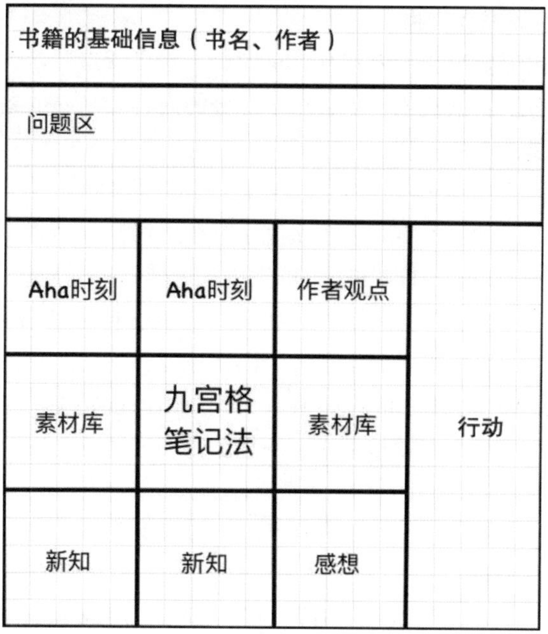

书籍的基础信息(书名、作者)				
问题区				
Aha时刻	Aha时刻	作者观点	
素材库	九宫格笔记法	素材库	行动
新知	新知	感想	

图7.16 九宫格笔记法模板

用九宫格做读书笔记时,可以把一整页划分成几个部分:书籍的基础信息(书名、作者)、问题区、Aha时刻、作者观点、素材库、新知、感想和行动。

操作起来其实并不难。

第一步：写上书籍的基础信息（书名、作者）。
这么有仪式感的行动咱们可不能错过，同时，这也是方便日后检索。

第二步：在问题区写下问题。
带着问题读一本书是最好的，因为可以一定程度地避免"走马观花"。页面上部的问题区就是专门写阅读前的各种问题的，可以是阅读前你想解决的问题（例如，有哪些可以实操的效率提升方法、学习方法），也可以是关于作者的疑问（作者为什么要写这样一本书，字里行间透露出作者是一个怎样的人）。如果暂时没有问题，也可以在读的过程中进行补充。

第三步：填充九宫格。
九宫格内需要填充的内容有 Aha 时刻、作者观点、素材库、新知和感想这 5 部分。再次说明一下，这 5 部分的内容只是一个参考，灵活根据需求改动是读者的权利。

"Aha 时刻"是指读到某个内容时冲击到你的瞬间。在这一瞬间你会觉得："作者说得真好！我以前怎么完全没有想到？"，或者是"这也太棒了！完美解决了一个困扰我许久的问题！"这样的时刻是最值得记录的！

"作者观点"是指书中作者的观点，记录值得记录的部分即可。

"素材库"是指为了日后写作积累的素材，如金句、事例等。在读书时，语文老师时常会布置摘抄任务。在做作业时，确实也产生过"读过就好了呀，为什么要摘抄下来"的想法，不过到真正写作文、翻开摘抄本找素材时，才知道记录下来是多么明智的举动。

"新知"是收集刷新认知的内容，新的知识能够启发思考，拓展认知是成长的必经过程。

"感想"是指我们常说的"读后感"。读完书总要有什么留下来吧？自己读完书的情绪、感受是印象最深刻的，有时甚至比知识本身更令人记忆深刻。

按照上述 5 个方面记录九宫格，阅读时的重要信息就都有把握能"收入囊中"。

第四步：撰写行动计划。

到这里，还差最后一步：落实到行动。

读书的目的是更好地学习和生活，我们可以写下几条落实到行动的"To-do list"(待办清单)提醒自己要做出改变。例如，在阅读完《刻意练习》后，我就会在"行动"栏中写出以下内容。

（1）努力接受学习新知识的笨拙感，并坚持每周训练至少3次。

（2）记录训练结果，并复盘。

（3）根据复盘的结果调整练习时的方法。

总而言之，行动才是改变的根本，写下行动计划就是迈出了改变的第一步！

以上就是九宫格笔记法在阅读领域的应用。如果再深入了解一下九宫格笔记法，就会发现，它其实源于"曼陀罗九宫格思考法"，除了写作、记笔记，这种思考法已经被应用于冥想、创意训练、时间管理等方面。由于本书主要探讨的是学习方法，这里就不再对这些用途展开说明了，有兴趣的读者可以自己一探究竟。

【本节知识点回顾】

1. 高效记笔记的3个原则：有框架、灵活不死板和以理解知识为先。

2. 三分笔记法是指将笔记的主要区域划分为3个部分，不同部分有不同的用处。

3. 康奈尔笔记法，起源于康奈尔大学，将笔记本分为笔记区、线索区和总结区。

4. 5种思维导图的基本模块：向右逻辑模块、展开式模块、鱼骨模块、顺序流程图模块、组织结构模块。

5. 九宫格笔记法：九宫格作图，在格子里写上线索（5W2H）或关键词记笔记。

7.3 自学时的知识管理软件

现在用计算机/平板学习早已不是什么新鲜事儿了。

有一些好用的应用软件能够帮助我们提升效率、好好学习。平时、周末或假期自学时，在允许用计算机/平板的情况下（如看网课、电子教材时），我们可以搭配这些应用软件使用。

本章将介绍一些我自己在用的"学习型 APP"，使用这些 APP 可以实现个人知识管理。

7.3.1 Notion 以及"Notion 们"

Notion 在英文中是"概念"的意思，而有一款知识管理软件也与它同名，这款软件最初起源于国外，在美国常青藤高校的学生之间非常流行。它是一个对个人免费的将笔记、知识库、数据库、任务管理等各种功能融合在一起的知识管理协同软件，非常适合学生做笔记、整理知识点、做学习任务跟踪等。

在国内也有相似的软件，如 wolai（我来）、FlowUs（息流）、印象笔记、飞书、语雀等，它们都是非常好用的知识管理协同软件。那么，像这类"Notion 们"可以帮助我们做什么呢？

在亲自实践后，我发现"Notion 们"的 Aha 时刻具有以下功能。

1. 实现多维页面的任务嵌套

Notion 可以提供文档、表格、清单、日历、时间轴等多种功能的页面，而神奇的地方在于，这些具有不同功能的页面可以集合在同一个多维页面中。

以我的阅读笔记为例，如图 7.17~图 7.19 所示。每一本书籍的书名点进去就是一个文档，其中是详细的阅读笔记。

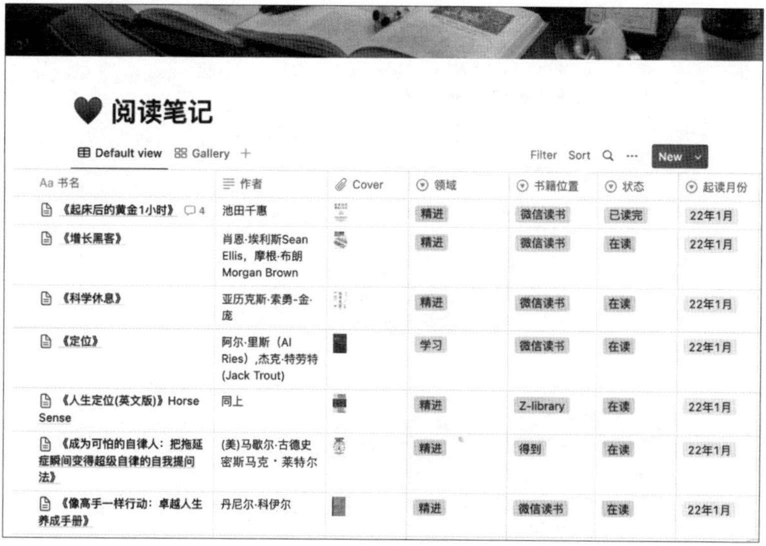

第 7 章　学会自学，我们终将成为自己的老师　　223

图 7.17　用 Notion 记录的阅读记录

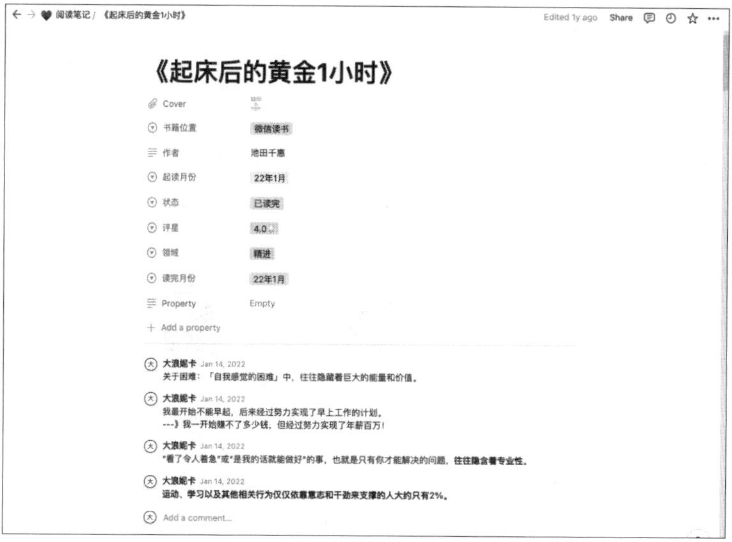

图 7.18　用 Notion 记录的读书笔记 1

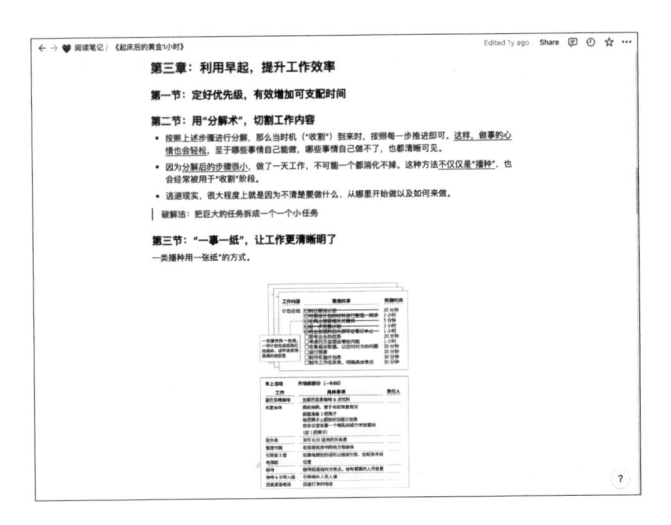

图 7.19 用 Notion 记录的读书笔记 2

创建嵌套式多维页面很简单，单击每个小单元格都可以创建新的页面。同时，还可以实现"画廊"与"表格"的视角切换，这样能让书籍一目了然（图 7.20）。

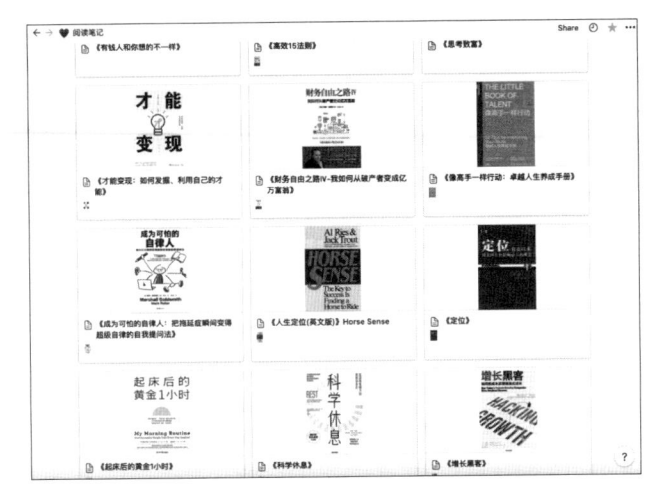

图 7.20 Notion 的"画廊"界面

因为可以实现任务嵌套，所以这样的多维页面的信息承载量比较大，打开计算机就可以随时随地重现。在自学时，如果用 Notion 进行学习任务管理，则结果是非常高效且有条理的。

以下是我用 FlowUs 做的生活 / 学习计划（图 7.21 和图 7.22），像这样的任务管理模板有很多，可以根据自己的需求设置。

“Notion 们”就相当于行走的文档库，各种学习资料、素材、笔记都可以相互连接，页面相互嵌套的功能可以满足多元化的学习需求，即使有再多的学习资料、学习任务，也不用担心理不清了。

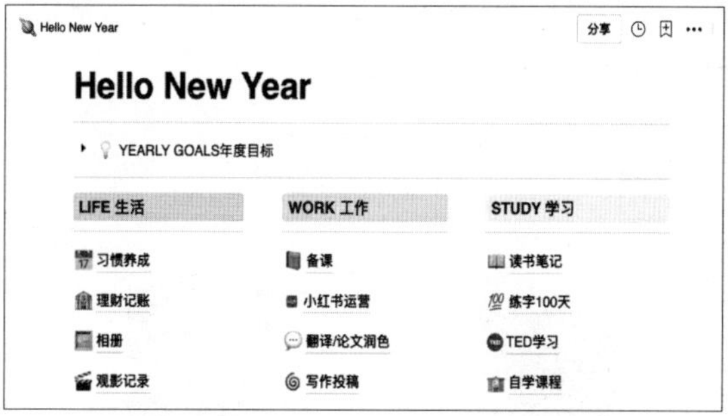

图 7.21　用 FlowUs 制订的年度计划表

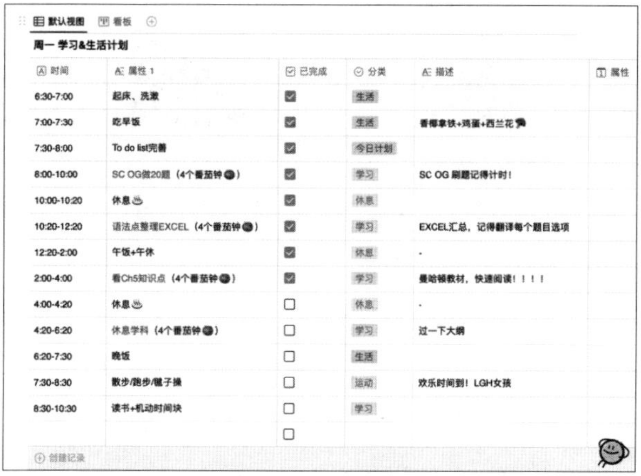
默认视图　看板

周一 学习&生活计划

时间	属性 1	已完成	分类	描述	属性
6:30-7:00	起床、洗漱	☑	生活		
7:00-7:30	吃早饭	☑	生活	香椰拿铁+鸡蛋+西兰花	
7:30-8:00	To do list完善	☑	今日计划		
8:00-10:00	SC OG做20题（4个番茄钟）	☑	学习	SC OG 刷题记得计时！	
10:00-10:20	休息	☑	休息		
10:20-12:20	语法点整理EXCEL（4个番茄钟）	☑	学习	EXCEL汇总，记得翻译每个题目选项	
12:20-2:00	午饭+午休	☑	休息	-	
2:00-4:00	看Ch5知识点（4个番茄钟）	☑	学习	曼哈顿教材，快速阅读！！！！	
4:00-4:20	休息	☐	休息	-	
4:20-6:20	休息学科（4个番茄钟）	☐	学习	过一下大纲	
6:20-7:30	晚饭	☐	生活		
7:30-8:30	散步/跑步/毽子操	☐	运动	欢乐时间到！LGH女孩	
8:30-10:30	读书+机动时间块	☐	学习		
		☐			

创建记录

图 7.22　用 FlowUs 制订的一日计划表

2. 实现在一个文件里，进行一整门学科的知识汇总

虽然我们总是习惯"一个笔记本对应一门学科"，但现在"Notion们"可以实现一个文件就汇总一整门学科的知识点。

按照上述页面嵌套的逻辑，如果要做学科笔记，就可以不再像以前那样买很多个笔记本分给不同的学科，而是建立一个文件：

单个文件等于一个笔记本。

如果要进行某一门考试，可以把这门考试需要用到的所有教材都逐一汇总，同时，每本教材都可以再展开页面撰写学习笔记、复习心得、知识点整理。所有与这门考试相关的内容，都可以放在这个文件里，这样就真正实现了知识的"收纳"（图 7.23）。

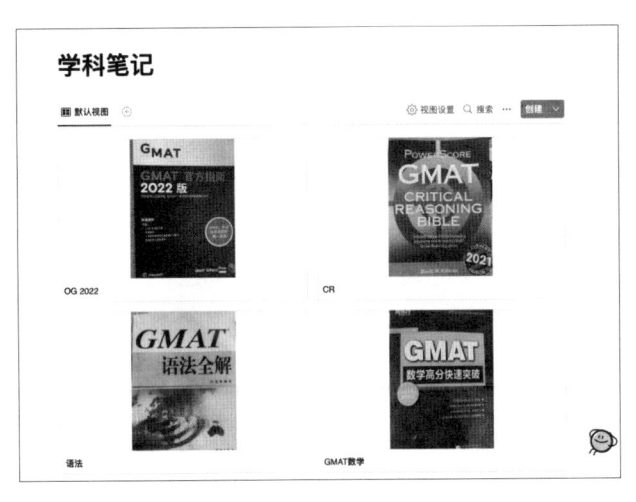

图 7.23　用 FlowUs 建立学科笔记

3. 实现个人知识体系的管理

"Notion们"有如此强大的知识协同功能，使笔记的条理性、逻辑性、美观性都能达到很高的水准。那么，如何使用"Notion们"提高学习效率，进而管理个人知识体系呢？

首先可以针对"知识"进行分类，分为学科知识类、笔记类、资料类等，然后建立文件夹，文件夹里可以继续建立子页面。例如，对

语文、数学、英语、物理、化学这样的学科知识，可以建立专门的"学科知识类文件夹"，梳理章节知识点、整理错题；像个人随笔、学习思考、学习计划与目标等可以归为"笔记类文件夹"；而像阅读素材库、数学公式、英语词汇等资料则可以归为"资料类文件夹"，本地的 Word、PPT、Excel、PDF 等类型的文件也可以导入存储。

如图 7.24 所示，如果新建空白页面，可以单击每一行最右边都有的"+"添加文字（Text）、页面（Page）、待办清单（To-do list）、标题（Heading）、表格（Table）、圆点（Bulleted list）、编号列表（Numbered list）、隐藏按钮（Toggle list）、引用（Quote）、分割线（Divider）、页面链接（Link to page）、重点（Callout）。

图 7.24　Notion 文本处理界面

这些功能可以使文档的重点突出，查看起来也清晰明了。对于多维文档，还可以通过编号、打标签、命名的方式进行整理，这样搜索起来效率会更高。

当然，每个软件都没有办法做到全面，读者可以选择自己喜欢的1~2款软件作为个人主要的知识管理软件。

7.3.2 思维导图

可能有些读者觉得手绘思维导图很麻烦，一是可能内容要改动，修改排版耗时间；二是颜色美观性等方面做不到那么细致。

其实，做思维导图并不一定要手绘。追求效率的同学完全可以用GitMind、幕布、MindMaster、XMind、WPS等软件做思维导图，这样就可以解决上述问题。

这些软件的功能都已经足够满足绘制要求，下面以幕布为例，介绍绘制思维导图的步骤。

1. 划重点

传统的划重点方法如图7.25所示。这样划一整段，看似划了重点，又好像什么都没划。

我和读者一样，看到整段的内容就觉得硬背好难！

那么问题来了，怎样才能让这段话轻松记忆呢？这就要用到思维导图了。

如果用思维导图记忆这段话，在输入时，其实进入脑海的应该是以下关键词（图7.26）。

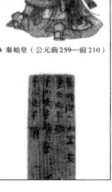

图 7.25　传统的划重点方法　　图 7.26　思维导图的划重点方法

皇帝、三公（丞相、太尉、御史大夫）、九卿、中央政府、地方政府、分封制（×）、郡县制（√）、郡、县、乡、里和亭。

根据这些关键词可以进行下一步。

2. 用思维导图理清逻辑关系

如果用幕布，可以直接输入"大纲笔记"视图模式（图 7.27），然后切换到"思维导图"视图模式（图 7.28），就可以把上面的关键词转换成逻辑清晰的思维导图。

秦朝的皇帝制度

- 皇帝
  - 中央政府
    - 三公
      - 丞相
      - 太尉
      - 御史大夫
    - 九卿
  - 地方政府（分封制✗ 郡县制✓）
    - 乡
    - 里
    - 亭

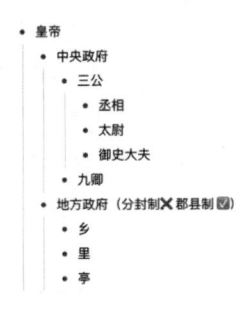

图 7.27 "大纲笔记"视图模式

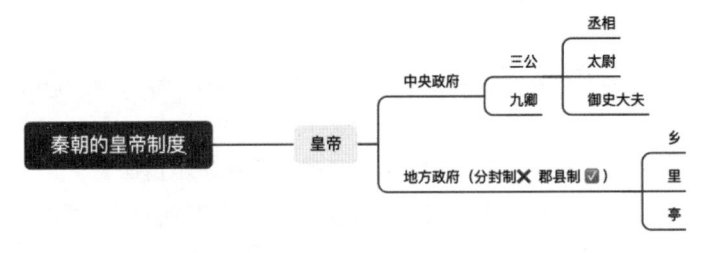

图 7.28 "思维导图"视图模式

3. 导出思维导图

整个过程不到 1 分钟，边读教材就可以边梳理框架，读完教材思维导图也就画出来了。这样高效地读教材，在背书时不知要轻松多少倍！大脑对图像等视觉信息更敏感，逻辑清晰的结构更方便记忆，自然比对着整段话背书愉快很多。

研究结果表明，使用思维导图学习新知识时，学生的学习效率比传统笔记高出 17%，这一研究也验证了上述观点。

思维导图绘制的关键点在于：提取关键词和理清逻辑，只要做好这两点，就能快速绘制思维导图。这两点中的字数不要太多，简洁概括核心即可。在细节方面，可以依据个人喜好为不同组块、文字标上颜色，大部分软件都具有标识颜色的功能，我们只需学会使用它们，就能实现高效画图。

7.3.3　时间管理

时间对每个人来说都是不可再生的资源，在学校里，课表安排得满满当当，下了课就上晚自习写作业，所以几乎不存在时间管理的问题。即使有，老师和同学也能督促你，不至于浪费太多的时间。而一到周末和假期，没有人监督，大部分时间全凭自己安排，此时每个人的情况就大不相同。

"学霸"不一定是把所有时间都用在学习上的人，但一定是很会安排时间的人。

为了避免浪费时间而追悔莫及，下面就来谈谈在自学时如何进行时间管理。

我想很多人都有过这样的苦恼：明明想好好学习，却因为其他的事情浪费了时间，所以认定自己是一个不自律的人。

在这里我想澄清一个问题：**浪费了时间不等于不自律**。

时间管理并非只是极度自律的精英人士才能做到的事，即使是普通人，也可以通过各种方法将自己的时间规划得更合理，从而达到时间管理的目的。

其实，浪费时间可能有很多种原因：规划反人性、注意力不集中、做事拖拉、不会安排事件优先级、对时间没有概念……如果以"不自律"概括，未免太武断了点，因为这些问题都有对应的方法可以解决。

在我看来，想要科学管理学习时间，最重要的是牢记以下这句话：**在不反人性的前提下，优先给重要的学习任务安排必要且合理的时间。**

其实，时间管理的关键在于事件重要性排序，重要的事件优先安排时间做，这是时间的"串联"；而能合理嵌套事件，在同一时间顺手完成了两个任务，这是时间的"并联"。

例如，"刷牙"和"吃早饭"是两件不能一起做的事，所以只能先"刷牙"，再"吃早饭"，这就是"串联"；而"听英语"和"吃早饭"并不冲突，可以边吃早饭、边听英语，这就是"并联"。

被不重要的琐事占据了大部分的学习时间，虽然看上去很忙，但实际没啥效率。

学习任务的重要性排序就与学会时间的"串联"和"并联"密切相关。重要的学习任务一般都是不能"并联"的，如做数学试卷，就不能写物理题目；但是背英语课文和练口语、剖析长难句、积累写作素材就可以"并联"。只能"串联"的学习任务，就可以放心大胆地分配时间，赶早不赶晚地把它完成。能"并联"的学习任务，就把它们合并起来做，就会节省一些时间。

下面介绍3种可以用于实践的方法：每小时闹钟法、时间分块法和四象限法。这3种方法分别能帮助我们感知时间、统计时间和规划时间。

1. 每小时闹钟法

时间管理第一步，从感知时间做起，方法是"每小时闹钟法"——每小时定一次闹钟，看看自己对时间的流逝是否真的有概念。

预计一个小时究竟能做多少事？

实际情况和预计的有差别吗？

"每小时闹钟法"可以帮助我们校准自己对时间的感知，简单来说，就是认清自己的真实效率！

以前，我总觉得一个下午的时间很长，但后来发现，5个小时就在倒水、喝茶、吃小点心的过程中倏忽而逝。这时我才发现，原来我以为的高效下午并不高效。这种方法能够帮助我们明确每个小时内具体做了哪些事、花了多少时间、为什么没完成某个任务。有了对时间的正确感知，才可以制订符合自己学习节奏的计划。

2. 时间分块法

当发现一天过得很快，但并没有什么学习成果后，我才深刻反思：一天 24 小时都去了哪里呢？

如果不记录，大部分人其实并不能清晰地说出 24 小时的去处。

与"每小时闹钟法"不同的是，"时间分块法"可以帮助我们统计时间的去处，简单来说，就是把时间划分为 3 大类：黄金时间、常规时间和基础时间（表 7.2），然后以 30 分钟为单位，统计 3 大类时间的占比。

表 7.2　3 大类时间的划分

黄金时间	常规时间	基础时间
学习	运动	洗漱
看书	发展爱好	吃饭
上课	社交	通勤
做作业		睡觉
		休息

黄金时间是指用来高效学习的时间；常规时间是指运动、发展爱好、社交等能给自己带来好状态的赋能时间；基础时间则是指必须花在生活上的时间，如洗漱、吃饭、通勤、睡觉等。

这里可以用"块时间"这类统计时间的 APP 分析自己每天的时间都去了哪里。如图 7.29 所示，一天的时间分布被清晰地显示出来，"时间去了哪里"这个问题终于有了答案。

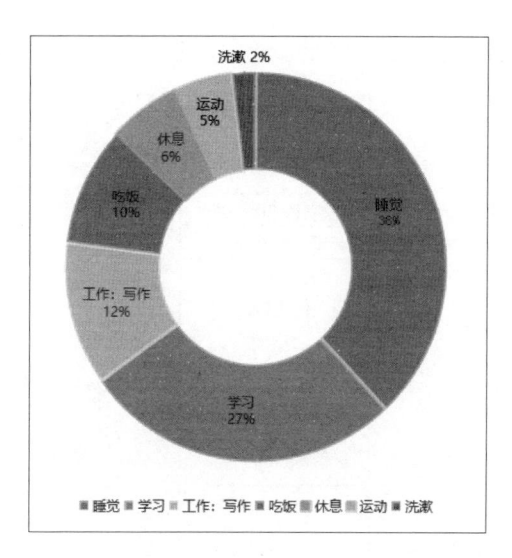

图 7.29　用"块时间"APP 统计的时间分布

如图 7.30 所示，一个高效能"学霸"理想的一天是这样的：高效学习占据了绝对主导，但依旧能保证充足的睡眠时间，剩下的零碎时间块被分配给了其他事项。当我们发现自己的一天与高效能"学霸"的时间分配不一致时，就可以调整，避免不必要的时间浪费。时间管理就是逐渐矫正的过程。

下面具体划分 3 大类时间的用处。

黄金时间是宝贵的高效时间，学习是主要任务，我们要守护好黄金时间的时长和质量。一般来说，高度专注 2 小时以上就会注意力涣散，所以高效学习 8 小时绝不是连续学习 8 小时，而是中间有休息的 8 小时。黄金时间是一个人最宝贵的高效能时间，我们能学多少、学习的质量都由此决定。

常规时间是给个人赋能的时间。运动、发展爱好、社交等诸如此类的活动都能给人带来身体或精神的愉悦，这就是"主动休闲"。例如，做运动不仅能强健体魄，还能刺激大脑分泌多巴胺使心情更愉悦，学习压力也能得到释放。这就像存钱罐一样，常规时间的用处是"储能"——

储备心情、储备精力、储备能量，毕竟，学习确实很需要能量！

睡眠7小时	清洁30分钟	高效学习8小时
	休息1小时	
	家庭30分钟	
	运动30分钟	
	主动娱乐 2小时	
	同学社交 1.5小时	
吃饭1小时	高效学习2小时	

图 7.30　高效能"学霸"理想的一天

基础时间是每个人完成基本的生活任务必须花费的时间，这部分时间我们无法过度压缩，但可以避免过度浪费。良好的睡眠、绿色饮食、清洁卫生和适当的休息是身体健康的保障，保障这部分时间是理所应当的，不必感到愧疚。

时间分块法是用来统计时间的，知道 24 小时去了哪里后，我们才能更加合理地规划时间。

3. 四象限法

关于时间规划，我们可以用四象限法来更好地管理时间和提高学习效率。

如图 7.31 所示，四象限法将所有的任务划分为 4 个象限，每个象限代表不同的重要程度和紧急程度。

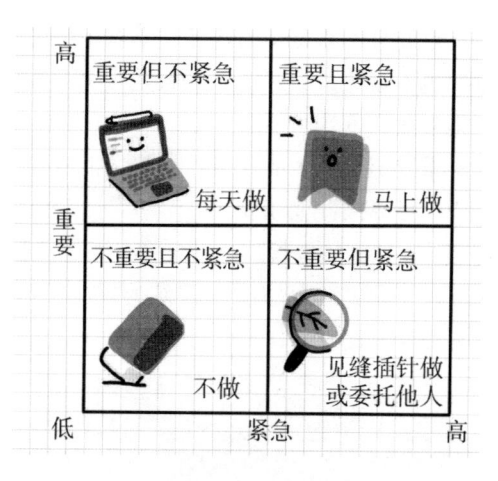

图 7.31　四象限法

下面具体介绍 4 个象限对应的具体任务。

（1）重要且紧急的任务（重要且紧急）：这些任务需要立即完成，因为它们对学习成果至关重要，如课后作业、考前复习等。

（2）重要但不紧急的任务（重要但不紧急）：这些任务是有价值的、有意义的，但是不需要立即完成，如阅读课外书籍、积累素材库、做课外题等。

（3）不重要且不紧急的任务（不重要且不紧急）：这些任务没有明显的价值，可能是消遣、浪费时间或纯粹低价值的任务。

（4）不重要但紧急的任务（不重要但紧急）：这些任务可能是由他人的请求或紧急情况导致的，但它们不会对学习成果产生直接的影响，如中性笔快没水了，要更换新的学习用品等。

想要提高学习效率，就应该优先处理第一象限（重要且紧急）的任务，以确保能高质量地完成有挑战性的学习任务，这些任务可能包括考前复习、课后作业、临时的学习任务等。

第二象限（重要但不紧急）的任务需要规划而不是立即完成，这些任务从长远来看非常重要，需要积累而非一朝一夕能完成，如阅读课外书籍、学习新技能、为未来的学习计划做准备和探索新的学习机会。

第三象限（不重要且不紧急）的任务是学习中最浪费时间的任务之一。既然既不重要也不紧急，最好的办法就是避免这类任务的产生，以便将时间和精力集中在更重要的事情上。

第四象限（不重要但紧急）的任务需要尽可能少地消耗时间，能快速做的就迅速完成，见缝插针地完成。

这里可以用 iTodo 这款软件管理学习任务。如图 7.32 所示，这款软件的主界面就是四象限法的 4 个象限，能实现添加学习任务并设置时间提醒，上手简单易操作，还可以保留任务记录。

图 7.32　用 iTodo 管理学习任务

四象限法不仅适用于学习，也适用于个人生活的规划和管理。通过将日常任务进行分类，我们可以更好地平衡学习和生活，以实现良性循环。

这样，学习任务的优先级被安排好了，就能保证给重要任务以必要的时间。

最后，需要提醒的是，四象限法是一种指导性的方法，但不是硬性标准。在使用四象限法时，要根据自己的实际需求，灵活应用。

【本节知识点回顾】

1. "Notion 们"的 Aha 时刻具有以下功能。

（1）实现多维页面的任务嵌套。

（2）实现在一个文件里，进行一整门学科的知识汇总。

（3）实现个人知识体系的管理。

2. 绘制思维导图的步骤。

（1）划重点。

（2）用思维导图理清逻辑关系。

（3）导出思维导图。

3. 时间管理的方法。

（1）每小时闹钟法。

（2）时间分块法。

（3）四象限法。

【本章重点回顾】

1. 自学是成为"学霸"必须修炼的一项技能。

（1）能力三核：修炼才干、训练技能、习得知识。

（2）学会自学必备的元技能：拆解目标、信息检索、制订计划、坚定执行、自我测试。

2. 高效记笔记的原则和方法。

（1）原则：有框架、灵活不死板和以理解知识为先。

（2）方法：三分笔记法、康奈尔笔记法、思维导图笔记法和九宫格笔记法。

3. 用合适的学习软件，可以更好地提升自学效果。

第 8 章

多元思维模型，做更高阶的终身学习者

学习是分阶段的，越是高阶的学习者，越懂得不断精进自己的学习系统。

我们最初只是接触单一学科知识；后来逐渐有了理科、文科的区分，数理化、文史哲等学科之间的共通之处使理科、文科的学习都有了规律。

而一些"学霸"似乎是"文科生里的理科尖子生，理科生里的文科尖子生"，文理兼通不偏科——这样的人，无疑令人羡慕和好奇。如何做到像他们一样，无论遇到任何学科都有学好的信心与底气？或许本章能给你启发。

8.1 查理·芒格与多元思维模型

在如今这个多学科信息交织的时代，综合处理跨学科知识的能力变得尤为重要。

查理·芒格这位投资大师在公开场合经常鼓励年轻人要培养跨学科的多元思维。因为多元思维模型的理念一旦建立，将会使我们受益匪浅。多元思维模型是把知识融会贯通的武器，如果可以，我希望掌握这个"思考武器"的时机越早越好。

8.1.1 查理·芒格给年轻人的建议

查理·芒格是很多人心目中的价值投资大师。作为巴菲特的终身合伙人,他被视为投资领域的智慧化身和哲学家,也是一位涉及多领域的大师,涉及学习、哲学、心理学等多个领域,他的思想对于学习、生活和决策都有着很高的指导意义。

不过,我并不想在此论述查理·芒格在投资领域的理论。令我感兴趣的是他对于学习方法的阐述和实践。

查理·芒格是一个非常勤奋和善于学习的人,2001年他曾在加州大学洛杉矶分校的演讲中说:

"迄今为止,我还不知道哪个聪明人不是在一直阅读的——没有一个,没有一个。"

这表明了查理·芒格对于持续学习的态度。

而查理·芒格本人也是勤奋学习的践行者。在《穷查理宝典》中,查理·芒格的学习方法和习惯被多次提及。例如,他有随身携带阅读材料的习惯——在等待会议开始或候机时,查理·芒格都会随身携带一本书或报纸,方便在等待时开始阅读。因为随时随地都在读书,他被身边的朋友们称为"行走的书架"。

以下是查理·芒格给年轻学生的一些学习建议,均出自他在知名高校的演讲或公开发言。我个人觉得这些语录实在太棒了!将这些建议分享出来,不仅能激励人心,还能引人深思。关于学习这件事,查理·芒格先生真的很有智慧!

建议1 成为学习的机器

我不断看到那些在人生中得到提升的人,他们不一定是最聪明的,有时甚至不是最勤奋的,但他们是学习的机器。他们每天晚上上床时比起床时多了一点智慧,这真的很有帮助,特别是在你还有很长的路要走时。

——2015 年，芒格在内布拉斯加大学奥马哈分校毕业典礼上的演讲

建议 2　有纪律性地前进

每天都努力让自己比起床时更加睿智，认真而出色地履行自己的职责。逐步前进，但不一定是快速突破。但你可以通过准备快速突破培养纪律性。每天进步一点点，日复一日。最终，在人生的尽头，如果你活得足够久，大多数人都会得到他们应得的回报。

——1994 年，芒格在哈佛大学法学院的演讲

建议 3　多元化学习

我认为你们很明智地认识到长远的成功需要长期的学习，而长期学习需要在多个领域进行多元化学习。

——2021 年，芒格在加州理工学院毕业典礼上的演讲

建议 4　愿意接受笨拙

如果你想擅长某件事，你必须愿意先做得很差。

——2017 年，芒格接受 CNBC 采访时的发言

建议 5　拥有学习的激情

我认为激情比智力更重要。

——2001 年，芒格在加州大学洛杉矶分校的演讲

建议 6　终身学习

你不会因为你已经知道的东西而在生活中走得太远。你将会在离开这里后通过学到的东西推动你的人生前进。

——2015 年，芒格在南加州大学的演讲

上述 6 条建议，每一条我都受益匪浅。从芒格给出的建议来看：

相比于"聪明",他更认可"学习的激情"和"持续进步"的重要性;相比于"短期的迅速成功",他追求的是"终局的圆满";相比于"专业学习",他更强调不要忽视"跨学科多元化学习"。

从这些理念可以看出,一个资质普通的人,如果拥有多元学习的理念、对学习的热诚、纪律性,假以时日,必能在终局达成所愿。

当然,查理·芒格这里所指的"学习"已经超越了在学校学习的阶段,而是扩展到了终身学习,这些理念用作一生的学习理念也不为过。

8.1.2 多元化跨学科思维

查理·芒格是典型的"多元化跨学科学习"理念的推崇者,他曾在公开场合表示:如果一个人要理性思考,就需要大量阅读数学、物理学、社会学、生物学、心理学、哲学和文学等各学科的书籍,并能运用学科模型将它们联系起来。

其实,从初中开始,我们就已经有语文、数学、英语、物理、化学、政治、生物、地理、历史等课程要学习了,有些同学还会学习日语、俄语、德语等小语种。在常规的认知里,独立的学科就是独立的,但多元化跨学科的学习理念推崇尽可能在学科之间建立联系,深度学习将学科知识内化。例如,大家普遍认为数学、物理、化学等理科学科才是需要逻辑清晰的学科,但是文科好的同学告诉我——文科学科也要讲逻辑!

哲学在大学里属于文科学科,但逻辑学是哲学专业的必修课之一,是哲学的子学科。又如政治、历史这类需要记忆的学科,用理科归纳总结法总结大段的文字材料,就能大大降低背诵的难度。写议论文时,逻辑清晰合理是得高分的必要条件,而我的英语写作老师也曾告诉我:"很多同学英语作文不好,其实不是语法、句子等基本问题,而是根本不知道写什么,换言之——没有想法、逻辑混乱。"

而理科与理科之间、文科与文科之间的联系就更为紧密了。高中物理的力学要用到数学三角函数的知识,电磁学会用到数学几何的知识;

生物的遗传学会用到数学排列组合与概率论的知识;历史事件的意义会从政治、经济、文化等角度剖析,地理中对空间概念的理解有时也会用到数学立体几何的想象。

在美国顶尖大学读物理博士的 F 同学告诉我,他现在的学科研究需要掌握数学、物理和计算机这 3 门学科的知识,用他的话说就是:"单个学科的发展或许很成熟,但是跨学科融合的领域依旧有很多值得探索的领域,只有跨学科才有创新的机会,或者说拓展人类未知边界的机会。"

要培养自己的多元化跨学科思维,可以从以下几种方法着手。

1. 建立模型思维

"建模"的概念想必大家都听过,"建立模型"是一种把信息缩减成精华再理论抽象化的过程。各个学科都有很多经典理论模型,多元化跨学科思维的培养可以从建立模型思维开始。

模型思维有助于我们对事物进行明确的判断。例如,数学中的正态分布模型告诉我们,极大极小的极端事件都是小概率事件;化学中的熵增模型告诉我们,在没有外界干预的情况下,事物总是会朝着无序的方向发展。

除了数理化利用建模好像理所应当,心理学、教育学、社会学等人文学科也有很多经典理论可以模型化,如马斯洛的需求层次模型、人格五因素模型等。

以下是我读过的部分思维模型(图 8.1),仅供读者参考。

思维模型

正态分布	幂律分布	线性模型	非线性模型
网络模型	随机游走	路径依赖模型	局部互动模型
熵:不确定性建模	传染模型	系统动力学模型	基于阈值的模型
空间竞争模型	合作模型	信号模型	网络模型
马尔可夫模型	博弈论模型	多臂老虎机模型	崎岖景观模型
墨菲定律	奥卡姆剃刀定律	帕累托法则	史特金定律

图 8.1 部分思维模型汇总

2. 多元化学习

广泛阅读、接触各学科的经典知识——拓宽知识面不管在哪个阶段都是有用的，在学校里，可以帮助写作文（见识广才有生活感悟可写）、提升沟通表达能力、锻炼思维；走出学校，拥有面对挑战的智慧和思维武器。

查理·芒格还有一句话也非常引人深思：

> 我们所有人都在不断地学习、修改或摧毁想法。在正确的时间迅速摧毁你的想法是你可以获得的最有价值的品质之一。你必须强迫自己考虑另一方的论点。
>
> ——2011年，芒格在哈佛韦斯特莱克高中的演讲

（原文如下：We all are learning, modifying, or destroying ideas all the time. Rapid destruction of your ideas when the time is right is one of the most valuable qualities you can acquire. You must force yourself to consider arguments on the other side.）

一个有判断力、有决策能力的人，不会是固执己见的一元论者。做一个有思辨能力的学者，开放地拥抱每一种观点，或许更有助于我们做出理性决策。

3. 个人知识管理

我曾见过同龄人因为善于知识管理，而实现3倍速成长的案例！

这位女生因为从上学时就培养了写日记的习惯，这一写就是14年。起初她只关注今天发生了什么，单纯地记录生活。而后来，她逐渐觉得记录下的问题需要解决，所以开始探索目标管理、知识管理、兴趣爱好管理等各领域的方法论。然后，通过广泛的阅读和与人交流，她形成了自己独特的资料库：

（1）涵盖各类书籍、文章、视频课程的认知资料库。

（2）链接全网数据和咨询的决策资料库。

（3）记录目标、方案、行动的操作资料库。

这3大资料库让她得以快速成长，在学业、事业、生活3大方面都实现了令同龄人艳羡的目标。除了拥有能使自己富足宽裕的经济能力，她也表示自己和男朋友几乎从不吵架（因为每天都会记录温暖美好的时刻）。

这位优秀同龄人的飞速成长经历再次验证了个人知识管理的必要性。

知识需要整理才能内化，我认为这是一种"知识的沉淀"。如果把知识比作溶液，大脑是装溶液的杯子，那么只有沉淀后思绪才会变得清明。

上述3种方法仅仅是抛砖引玉，读到这儿，多元化跨学科的学习理念已经植入你的大脑里了，接下来的每一天，我们都可以选择带着这样的理念学习。学习不是一座孤岛，而是建造并维护自己的知识宫殿，让我们从现在开始吧！

8.1.3　整体性学习法

如果要给多元化学习一个落脚点，应该是整体性学习法。

在前面的章节中，提过整体性学习法，但没有详细展开，这是因为我觉得放在本书的结尾更为合适。如果用一句话概括"整体性学习法"，我认为应该是用各种学习方法，创造知识间的联系。

具体来说，整体性学习法是一张"大网"而非"散落的方盒"，知识点和知识点之间有"高速公路"可以通达，所以知识不是孤立的，而是紧密联系的。不管有没有机会运用整体性学习法、运用程度如何，我们都可以先了解一下整体性学习法的全貌，再从中汲取对自己有用的部分。

整体性学习法是由麻省理工学院计算机系的斯科特·扬提出来的高效学习法。斯科特·扬是一个学知识很快的人，只是快这一点就已经让很多人羡慕了，更何况他还是顶尖名校的"学霸"，在一年内不仅完成了本科四年的学习量,还全部高分通过,而他的学习秘诀就是整体性学习法。

在他撰写的书籍中,详细论述了整体性学习法的要点,具体来说,整体性学习法有以下 6 个基本步骤。

获取—理解—拓展—纠错—应用—测试

下面用一张图梳理整体性学习法的流程(图 8.2)。

获取	理解	拓展
获取知识(输入),追求信息输入的质量和速度: 1. 指读法 2. 练习阅读法 3. 积极阅读法	内化知识,有以下方法: 1. 比喻法 2. 内化法 3. 图表法 4. 联想法 5. 挂钩法	与其他信息建立联系,可以: 1. 深度拓展(研究背景) 2. 横向拓展(研究关系) 3. 纵向拓展(研究结构)
纠错	应用	测试
剔除错误联系	将知识应用到各种情境中	自我测试/输出

图 8.2 整体性学习法的流程

按照斯科特·扬的说法,整体性学习法是一种综合的学习理念。这种理念让他在学习的每一个环节都找出了最适合自己的学习方法。如果仔细深入地了解整体性学习法,会发现其中的方法并不是什么高深的学习秘诀,但是组合在一起就威力无穷。

答案也许没那么复杂,重要的是组合应用。这是我研究整体性学习法最大的感受。

对于"获取知识",斯科特·扬强调既要输入得快,又要输入得好,所以他实践了指读法、练习阅读法和积极阅读法;对于搭建知识网,斯科特·扬则总结了比喻法、内化法、图表法、联想法、挂钩法等方法。

单拆开来看,每一种方法都很好理解,简单不复杂,甚至让我感慨:"这就是学习的秘诀吗?"但后来我才逐渐领悟,学习方法本来就不应该复杂,否则不能在学习上很好地应用。

真正好的学习方法，应该是在正确的宏观学习理念指导下，由个人自由发挥。换句话说，适合自己的，才是最好的。而整体性学习法就是这样的一种宏观学习理念。

我们时常看到一些时代的创新型人才，他们汲取知识时能比他人更融会贯通，归根到底都有多元化学习与整体性学习法的影子。例如，埃隆·马斯克把物理学的"第一性原理"变成了自己思考世界的底层逻辑原理之一，这种思维方式帮助他成功应对了商业上的挑战（电动车电池成本降低的问题），使特斯拉成为引领电动汽车行业的翘楚。

总之，吸纳多元、多维、多样的知识，并运用整体性学习法内化的学习者，一定是个灵活开放且会随着时间积累越变越优秀的学习者！

【本节知识点回顾】

1. 查理·芒格给年轻学生的建议。

（1）成为学习的机器。

（2）有纪律性地前进。

（3）多元化学习。

（4）愿意接受笨拙。

（5）拥有学习的激情。

（6）终身学习。

2. 培养多元化跨学科思维有助于把知识内化，达到融会贯通的水平。想要培养自己的多元化跨学科思维，需要建立模型思维、多元化学习和个人知识管理。

3. 整体性学习法是麻省理工学院计算机系的斯科特·扬提出的高效学习法。

（1）含义：用各种学习方法，创造知识间的联系。

（2）6个基本步骤：获取—理解—拓展—纠错—应用—测试。

8.2　做更高阶的学习者

"学习得少，但知道的知识更多。"

——斯科特·扬

"学习得少，但知道的知识更多"，可以实现吗？

可以实现！但这对学习者的要求也相应更高：一是可以提高单位时间的产出，提升学习效率；二是可以抓学习最重要的关键点，捕捉学习重点；三是花更多的时间思考如何学，研究学习方法。本节将探讨如何做一个更高阶的学习者，真正做到"学习得少，但知道的知识更多"。

8.2.1　花更少的时间，学更多的知识

我曾经看过一个巴菲特的采访，让我对"学习效率"有了新的认知。

主持人问巴菲特一周的行程是怎样的，接下来的情况令大家都备感意外：本以为巴菲特的行程表会安排得满满当当，但真实情况是，一周内有 6 天都是空的，只有周四安排了 3 件事。对此，巴菲特露出了满怀深意的笑容。他解释道，多花时间思考，更能取得关键性突破。

这个采访十分引人深思。

人的一天只有 24 小时，决定了做 A 就不能做 B，所以决定做 A 还是做 B 就很重要，因为逝去的时间无法倒流。我们常常会陷入一种"看似忙碌，但毫无产出"的状态。明明早起晚睡，一天安排得满满当当，但是最重要的事情还是没有做完，这到底是怎么回事呢？

巴菲特的行程表给了我们答案：在关键问题上多花时间，其实就是在省时间。

在学习领域中，什么是关键问题？

答案或许因人而异，但起码有以下几点是一定要想明白的。

（1）我是否知道要如何学这门课？

（2）我是否知道自己在这一学科有哪些薄弱点？

（3）如何解决薄弱点？

（4）我是否能清晰地画出这门课的知识框架？

（5）如何检验理解程度的深浅？

（6）我的复习节奏是怎样的？

当我们学会不断问自己问题时，就是在不断探索更好的学习模式。我曾经在几次大考中摔过跤，现在回看都是在关键问题上没弄明白，或者没有"想"的意识，或者偷懒而不去"想"。

不要用行动上的勤奋，掩盖思想上的懒惰。

这一点在成为高阶学习者的路上尤为重要！

8.2.2　从被动到主动，守护自信与对学习的热情

到这里，我们已经共同在高效学习的道路上共度了一段时光，掌握了一些学习方法和理念。

我们会发现，学习不仅是为了考试，更是一种自我实现的过程。"学习如何学习"将会是一个终身的旅程。

有的人失败一次、两次、三次……就放弃了，从此认为自己不适合学习。

有的人在失败第一次、第二次、第三次后还对自己充满信心，然后在第四次进步了，在第五次成功了。

在学习初始，你给自己的容错率设定的是多少？

我建议设定高一点儿，告诉自己可以犯错、可以速度慢、可以做不好——守护自信与对学习的热情才是第一位的。自信是学习的基石，热情是学习的动力，有了这两者，我们就能把学习变成一件愉快的事！

是的，学习是一件愉快的事！

这也是我在本书的最后想传递给各位读者的理念：

摧毁自信很简单，而积攒自信很难。

被动学习很痛苦，而主动学习可以很愉快。

如果没有人鼓励你（有一些家长甚至老师可能会是打击式教育），那么我们必须学会鼓励自己。同时，如果遇到身边的亲朋好友在学习新领域的知识或技能，我们最能帮助他们的方式就是给予善意的鼓励。

希望读者都能幸运地守护住热情的小火苗，始终做一个快乐的学习者。

【本节知识点回顾】

1. 行动上的勤奋，并不能掩盖思想上的懒惰：多花时间思考关键问题，可以防止掉入"忙碌陷阱"。

2. 成为高阶的学习者：从被动到主动，守护自信与对学习的热情。

【本章重点回顾】

1. 如何成为一个更高阶的终身学习者？

（1）培养多元化跨学科思维。

（2）运用整体性学习法将知识点编织成一张"大网"。

2. 始终保持对学习的热情：化被动为主动，从心底感受到学习的愉悦，鼓励自己与他人。